感谢乐施会提供出版支持

本书内容不必然代表乐施会立场

农民合作社
联合社的法律规制

LAW AND POLICY IN THE DEVELOPMENT
OF FARMER COOPERATIVES ASSOCIATION

仝志辉　主编

社会科学文献出版社
SOCIAL SCIENCES ACADEMIC PRESS (CHINA)

总　序

　　以农民为主体的合作制作为农业和农村经济发展的基本形式，并以合作制为依托，实现农村社会发展，这是农村发展在市场经济之下一再呈现的"母题"。自中国近代以来，这一命题一直被仁人志士用各种方式进行着探索实践。新中国成立后，农村合作制的探索一波三折。

　　在中国特色社会主义市场经济之下，农村合作制因城乡一体化、农地三权分置、村集体经济产权制度改革、农地规模经营、资本下乡、农村治理转型等多种情境交织，其发展路向、组织形式、立法支持、促进政策、社会效应等问题，为多学科所关注。对其中的重大问题要有清醒的认识和建设性的意见，这是实践对学界提出的迫切要求，但能采众家之长，成一家之言，又殊为不易。

　　目前，农村合作制研究面临以下迫切需求。第一，因应科学修订《中华人民共和国农民专业合作社法》的需要，应对立法中的关键问题、重大争论及时进行深入研究。第二，对我国的合作制探索进行新一轮的历史研究，对其中的重要思想和实践形式进行科学研究。第三，对世界范围内的合作社运动、合作社组织、合作社法律、合作社文化等进行系统研究。第四，对我国农村合作制发展的关键问题，组织学者以专著形式开展原创性研究。

　　以上这些工作必须聚精会神，团结一批学者进行深入研究，不间断地推出研究成果，方能形成真正的学术对话氛围，达成深化学理、启迪实践的目标。本人不揣自身在这方面研究的浅陋，考虑到中国自己的合作社研究对于农村发展和构筑中国经济社会新秩序的极端重要性，出面来编选这套丛书。丛书以不同系列方式平行推出，每一系列集齐 2～3 本后推出。

首批推出的是"法律规制"系列。"法律规制"系列主要服务于当前复杂的立法任务，试图深化有关研究，也探讨在中国情境下社会科学参与立法的有效形式。现在不同学科对于合作社立法的研究还不能展开充分的交流，不同学科对于其他学科的相关研究缺乏关注，更没有展开必要和充分的对话。同时，学者和立法者的交流也不顺畅。我们尝试通过文献整理、评述，厘清其中的重要问题，推动学界合作社法研究水平的提升，帮助立法者更加深入地研判有关问题，从而做出审慎决定。

"法律规制"系列的编辑和出版得到了多方支持。在中国人民大学国家发展与战略研究院的支持下，笔者作为该院社会转型与法治研究中心副主任，先后组织了两次专家内部讨论会。这一系列的首批三本书就是在这两次会议前后编选而成的。编选的初稿对于会议的成功举行起到了很好的作用，也坚定了笔者通过相对独立的研究参与立法讨论的初衷。这里对支持会议召开的国家发展与战略研究院表示感谢，对参加内部研讨会的各位专家表示感谢。他们的论文和部分发言记录已经被收入各册书中。立法讨论是公共事务，社会科学研究理应介入。介入应基于学理，凸显争论焦点，建立学术与实践的深层联系，恢复学术的公共性。本系列的编选就是基于这种认识而进行的。

丛书还将推出"案例研究""研究专著"等系列。"案例研究"系列将关注具有创新意义的农村合作制试验，这种试验可以是国家农村改革试验区的试验，也可以是地方政府、NGO或农民自己从事的合作制试验，其致力于通过更加真实的记录以及融入各方视角的分析为当下的合作社发展留下可供讨论的文本。针对同一经验的不同讨论，我们的研究将得以深化。我们将约请有关研究者为"案例研究"系列供稿，也欢迎学者自荐投稿。

"研究专著"系列试图对中外各类关涉农村合作制和一般合作制的历史、理论问题进行深入研究。尤其注重对中青年学者的博士论文、博士后出站报告和课题成果的反映。这方面，丛书将建立规范的审稿机制，举凡投稿的学者都将得到两份专家审稿意见，遵照专家意见进行修改的书稿将列入丛书出版。

　　本丛书旨在营造农村合作制研究的学术氛围，期待各位专家学者的支持。欢迎您提供已经完成的书稿，也欢迎提出相关著述计划，各界读者对丛书的评论和意见我们也乐于听取。邮件请发至 tongzhihui@ ruc. edu. cn。让我们协力推动农村合作制研究的繁荣。

仝志辉
2016 年 12 月 18 日

农民合作社联合社发展存在的问题及其法律应对：以有限修订为视角

（代序）

目前，整个农民合作社的发展出现了不规范和难以壮大的困境。这在联合社发展上也有体现。本册的编选就是要立足于反映联合社的发展情况，探讨如何通过立法途径规范和加快联合社发展。

2013 年中央 1 号文件明确提出"积极探索合作社联社登记管理办法"，2014 年中央 1 号文件指出，要引导农民发展农民专业合作社联合社。这使得各地在发展合作社过程中，越来越多地利用联合社方式。联合社发展的动力一方面来自合作社自发的需要，另一方面和政府试图通过联合社来更好推动合作社的发展有关。从合作社自发需要来说，农民专业合作社发展到一定阶段，为了扩大经营规模，寻求通过横向一体化和纵向一体化扩大经营规模，很自然就会寻求合作社的联合。而政府也很快发现，联合社形式可以帮助合作社降低市场风险，提高市场谈判地位，发展对社员的多种服务，延长产业链条，因此，也积极推动联合社发展。而且，在中央层面肯定联合社作用后，各地也在财政扶持和法规促进上，突出对联合社的支持，从而推动了联合社的迅速成长。但是，和合作社发展存在的问题一样，联合社发展也存在诸多不规范问题，制约了其带动和帮助成员社发展的目标。

一 当前联合社发展面临的问题

从法律修订所要关注的问题来看，联合社发展存在的主要问题有两个方面。

一是法律支持不足、法律地位不明。虽然国内已有不少省份出台了联合社的登记管理办法，如湖北、山东、天津、河南等。但是中央层面还没有出台相应的联合社登记管理办法，尤其是《农民专业合作社法》中还未涉及支持联合社发展的法律法规，联合社的发展面临"无法可依"的窘境。在很多地方，联合社仍面临着登记难、注册难的问题。很多合作社联合组织不得不注册为协会。在发展联合社方面，仅有 2013 年由国家工商总局和农业部联合发出的《关于进一步做好农民专业合作社登记与相关管理工作的意见》，效力有限，其他就是部分省份的零星规定。

二是运行机制不规范。联合社是合作社的"联合"，理应按照民主决策的方式进行日常工作的管理，但是许多联合社还尚未建立合作社之间的民主管理机制，不少联合社在管理中出现了某一个核心合作社控制的问题。这在本书收集的案例中都有不同程度的反映。各合作社之间也缺乏紧密的利益联结机制，内部缺乏"收益共享、风险共担"的利益联结机制。部分省份出现了联合社的加速发展，发展起来的联合社中只有部分源于弱小的合作社抱团取暖、提升发展水平的正当需要，相当一部分仍是"假"、"空"的合作社搭建新平台继续寻求政府支持和扩大自身不正当利益。

二 通过立法规范联合社发展

联合社是推动合作社规范发展的重要方式，国际合作社联盟将"合作社之间的联合"作为合作社的基本原则。《农民专业合作社法》在立法时由于缺少实践经验，没有将联合社写入，现在合作社联合社发展的实践趋势已经存在，但不规范现象严重，迫切需要增加有关联合社的法律规定。既然不规范已经成为合作社发展的最大问题，联合社的规定就要立足规范合作社和壮大合作社的双重目标，以求收到倒逼合作社规范发展的作用。

作为法理问题，联合社法条订立的必要性不难确定，但是，如果将其作为合作社健康发展的一个关键制度措施，就需要和辨明合作社发展目前碰到的主要问题结合起来，科学地设定有关条文。不仅使得联合社成为一种必要的合作社发展形式，同时还能使其收到规范现有不规范的合作社、四两拨千斤的制度创新效应。

三 联合社立法的两个层次

1. 基础层次

基础层次就是要明确设立联合社的目的。基于实践发展的需求，需要将联合社问题在一定程度上和合作社的整体发展问题联结起来考虑。

目前合作社的发展空间需要和基层组织架构相匹配。合作社的发展和部门、资本有冲突，但是，由于合作社弱小、国家不出手，导致合作社走偏。合作社的健康发展不仅和部门、资本利益有冲突，而且和假合作社、地方政府部门有冲突。

联合社的立法目的要紧扣合作社自身联合，不能给其他主体利用联合社形式扩展利益服务。联合社作为一种特殊的合作社必须体现合作社性质，最基本的就是所有者和惠顾者同一。联合社立法要兼顾发展成员社和规范成员社的两重目标，联合社对成员社的不规范发展要能发挥纠偏功能。联合社功能设定上有两个向度，即合作社本位和联合社本位，这两个向度要有机结合。

在确立这些基础问题的过程中，必须要有一个基点，就是实现合作制的宗旨。所有者和惠顾者指的是以成员社为主体，但同时也应该理解为所有者活动和惠顾者活动的同一。惠顾行为会加强所有层面的紧密联系，而所有层面的紧密联系也必须减少惠顾问题上的交易成本。这样，合作社才是一个在运行中逐步巩固、不断加强的经营组织。

2. 技术层次

法人性质。在解决基础问题后，就要解决联合社的法人类型是合作社法人，还是不同于合作社法人的问题。法律应该只对合作社法人的联合社进行规范，而不应对协会性质的合作社联合体进行规范。

业务范围。是否包括合作金融，如何在法律上进行规范？联合社能否承担对成员社的资金调剂业务？除了正常的经营业务范围外，要规定其对成员社的业务辅导，起码应包括进行业务能力培训和合规经营培训。

联合社和成员社的业务是否可以存在竞争关系，涉及联合社是否纯粹是成员社的组织，还是联合社可以有自己的独立意志，联合社扩大经营业绩的目标是为了成员社还是可以有自己独立的经营目标。

成员社标准。联合社是否接受非农民合作社的企业以及个人会员（农户或者非农户），如果接受，和成员社地位是否相等。是规定只要是合作社就可以加入，还是要规定达到规范要求的合作社才可以成立联合社。

联合社的出资方式。出资方式包括几种？联合社对成员社破产承担什么责任?

联合社的治理结构。是依照合作社的三会进行规定,还是简化或另行设置治理结构?议事规则是否具有特殊性?

四、关于联合社的具体立法建议

第一,严格联合社成员社的准入条件,将名为合作社实为公司的假合作社拒之门外。联合社作为合作社的联合社,是一类特殊的合作社。它有其成员社,成员社依靠其成员社资格使用由联合社提供的服务和拥有其他成员权利,并且享受国家给予联合社发展的各种优惠条件。联合社必须让真正的合作社加入其中。如果让那些实为公司的假合作社加入其中,借由联合社的平台继续满足资本的利益,一方面会保护假合作社继续生存,另一方面会挤占联合社里真合作社的获利和发展空间。为此,立法就必须严格联合社成员社的准入条件,坚决不能将实际是公司的假合作社吸收为联合社成员。这样,可以挤压假合作社的政策套利空间,增强真合作社的发展实力,逐步形成真合作社不断发展壮大的局面。建议有关法律条文为:"达到国家有关部门规定的规范发展要求的农民合作社可以联合发起成立合作社联合社,成员社不少于5个。联合社负责对成立以后后续加入的成员社进行资格审查和入社辅导,并接受有关部门对成员社资格的监督检查。"

第二,赋予联合社规范成员社发展的责任,提升其能力。有关联合社的法律规定,要在促使联合社实现成员社利益的同时,更多发挥其规范成员社发展的提供公共品作用。规范成员社发展是既有利于联合社自身发展,也有利于为整个农民合作社事业提供公共品。联合社就可以成为政府和全社会规范合作社发展的有力推手。建议有关法律条文为:"合作社联合社负责对成员社进行业务培训、财务指导、资金调剂和品牌建设辅导。"

第三,科学设定联合社内部决策制度,实行民主决策。联合社成员社在经营规模、产业类型和管理能力上都可能存在巨大的差别,在联合社的成员社之间实行民主决策,较之一般的合作社更有难度。建议有关法律条文为:"农民合作社联合社成员大会选举和表决,实行一人一票制,成员社各享有一票的基本表决权。在联合社成员出资中出资额较多的成员社,或与本联合社交易量（额）较大的成员社，按照章程规定，可以享有附加表决权。附加表决权总票数，不得超过本社成员基本表决权总票数的百分之二十。章程可以根据不同的成员大会表决事务，设定不同的附加表决权总票数占基本表决权总票数的比例。享有附加表决权的成员及其享有的附加表决权数，应当在每次成员大会召开时告知出席会议的成员。"

第四，设立较合作社更为严格的联合社年检制度。由于联合社的规范发展兼有加强成员社发展和规范成员社发展的两方面功能，影响面大，应该对其适用年检制度，而且比对一般的合作社年检制度更为严格，以倒逼合作社规范发展。建议有关法律条文为："政府有关主管部门对合作社联合社应每年进行不少于两次的入社检查，合作社联合社应编制详细的半年报告并公示，报告包括经营状况和履行对成员社进行业务培训、财务指导、资金调剂和品牌建设辅导等服务的状况。"

仝志辉

2016 年 12 月 20 日

目 录

第一部分　联合社发展的案例研究

第二部分　联合社法律规制的基本问题

第三部分　联合社发展需要的法律支持和有关立法建议

附　　录

第一部分　联合社发展的案例研究

农民专业合作社联合社发展的探析[*]

——以北京市密云县奶牛合作联社为例

苑　鹏^{**}

　　合作社联合社是合作社发展到一定阶段的产物。广大弱势小农为了降低交易成本、实现规模经济、改善市场地位、提高市场竞争力组成了合作社。与小农分散独自进入市场相比，合作社有着明显的优越性；但是，与其他市场主体例如大公司相比，合作社的竞争力量仍然有限。随着外部市场竞争的不断加剧和合作社业务的不断扩大，合作社之间存在着联合起来进一步提升市场竞争力、降低经营成本的内在动力。成立联合社，不仅可以通过横向一体化实现规模经济、范围经济，并最大限度地降低合作社的交易成本、提高议价能力，改善为社员的服务，解决合作社依靠自身力量无法解决的问题，而且可以促进纵向一体化经营，向农产品深加工领域延伸，扩大合作社的业务范围，巩固和增强合作社的市场地位。

　　中国自21世纪初以来，在农民专业合作经济组织发展较快的一些地区出现了自下而上发展联合组织的现象。其基本方式有两种：一种是开放式的，也是较为普遍的，即合作社与其他从事相同业务甚至是相关业务的企业、个体户等的联合；另一种是封闭式的，即仅局限在合作社与合作社之间的联合。从联合组织的性质看，既有社团性质的，对内开展基层社的业务指导，对外代表基层社维权；也有企业性质的，开展经营业务。例如浙江省衢县，全县十几家柑橘专业合作社自愿成立了联合社，统一经营、代

──────────

　　* 本项研究是笔者承担的中加发展项目"农民专业合作社联合社发展案例研究"课题的阶段性成果。
　** 苑鹏，中国社会科学院农村发展研究所研究员。

理各专业社的产品，避免了合作社之间的自相残杀。

《农民专业合作社法》颁布后，随着农民专业合作社的数量、规模呈现加速增长的态势，农民专业合作社联合社的发展也被提上了议事日程。尽管《农民专业合作社法》并没有涉及联合社的问题，但是，合作社联合组织的发展势头已经显现。本报告试图从北京市密云县奶牛合作联社的个案分析入手，围绕以下问题展开探究：联合社是如何出现的，又是如何运作的？联合社显示了哪些优越性，又存在哪些问题？联合社未来的发展空间如何？它带给我们的启示有哪些？

一 奶牛合作联社的诞生及其运作

（一）乳品加工企业与奶农利益冲突直接催生奶牛合作联社的产生

密云奶牛合作联社成立于 2006 年秋，用联合社社长的话讲"是被（乳品加工）企业逼出来的"。密云作为全国生态县、北京水源保护地，有着优越的奶牛养殖自然环境，到 2006 年，全县奶牛存栏数达到了 2 万余头，产量近 7000 万公斤。但是，大多数奶农养殖规模小，户均奶牛 10 头左右，没有挤奶设备，鲜奶储运、加工完全依赖外部。密云全县境内的大型乳品加工企业只有 1 家，绝大多数奶农都要依靠该企业收购自己的牛奶，收购价格基本被该乳品加工企业所控制。乳品加工企业充分利用自身在市场竞争中的优势地位，对奶农交售的鲜奶压级压价，而奶农苦于缺少冷链运输工具、缺乏鲜奶产品的检验设备，只能听任其摆布。①

乳品加工企业与奶农的矛盾终于在一次事件中爆发。据当地奶农反映，一次奶农交奶后认为企业压级严重，于是到清河牛奶检测中心检测，结果测到的实际数据是，企业将农民交售鲜奶的主要脂肪含量压低了 6 个指标点，而每个指标点的收购价格相差 0.03 元/公斤左右。于是，奶农反抗了，他们将乳品加工企业的大门堵了三天，要求讨一个说法。企

---

① 这种情况也具有普遍性。据报道，过去 6 年间，中国奶业年增长率超过 20%，但是，在产业链的利润分配中，奶农所占份额不足 10%。参见黄胜利《涨价：奶业发展的新起点》，《中国经济时报》2007 年 7 月 18 日。

业向公安局报案，主管县长亲自出马协调。最后企业向奶农集体赔付了30 万元，此案暂告一段落。而它留给县政府的启示是，为维护奶农的合法权益，进一步提升奶农的组织化程度势在必行。尽管合作社经过几年的发展，使密云奶业生产初步形成了"奶农 + 奶业合作社"、"奶农 + 奶牛养殖场"的基本组织格局；但是，相对于乳品加工企业而言，奶业合作社的规模还是太小，受资金短缺的限制，它们无力投资购置鲜奶冷链运输工具和贮藏设施，只能向本地唯一的乳品加工企业销售鲜奶，并且各自分散经营，缺少市场抗衡力，无法改变当地鲜奶原料市场由乳品加工企业买方独家垄断的格局。因此，奶业合作社需要在更高的层面上联合起来。

在引导本地奶业合作社走向联合的道路上，密云县政府根据以往工作经验，最初选择了行业协会的模式，试图成立奶业协会，解决价格争端问题，并将此工作委托给县畜牧中心筹划，计划依托畜牧中心成立一个事业单位性质的奶业协会。

畜牧中心接受政府委托后，没有与未来的会员讨论，而是独自拟定了奶业协会的理事会候选人名单。结果第一次召开成员预备大会时，某养殖户成员对候选人名单产生方式的合法性提出了质疑，导致会议被迫中断。第二次召开成员预备大会时，畜牧中心吸取上次教训，采取海选的方式，产生了 9 名理事会和监事会成员。[①] 当选的理事和监事基本为奶牛养殖场场长或奶业合作社社长。畜牧中心派出一名代表任秘书长。奶业协会按照《社会团体管理条例》运作。

奶业协会成立后，委托某副理事长和其他 2 名理事与外县的某龙头企业谈判，以稳定收购价格。谈判结果是，协会每天保证交售企业 40 吨左右的鲜奶，企业按照 140 元/吨付给协会服务费，这样一来，协会平均每天有 6000 元左右的净收入。结果，这名副理事长（同时也是大户成员）因巨大的利益诱惑而决定单干，自己建立奶站，并拉走了七八户奶牛养殖大户，养殖规模合计 3000 余头，导致协会运行 3 个月后无法继续下去。

---

① 事实上，此 9 人与当初畜牧中心拟定的人选只差 1 人。

在此情况下，来自密云县最大养殖小区李各庄的奶牛合作社的理事张玉良提出建立奶牛合作社联合社，并取得了其他部分理事的同意，密云县政府也积极支持。于是，由张玉良发起，联合本县境内所有的奶牛合作社，并吸纳了几家最有规模的奶牛养殖场，成立的奶牛合作联社，其鲜奶生产规模占到了全县总产量的70%以上。

奶牛合作联社成立后，按照民主选举方式，由县经管站监督，经过两次选举，① 最终产生了新一届的理事会。并且，吸取奶业协会的经验教训，奶牛合作联社成立后，首先加强制度建设。在县经管站的指导帮助下，奶牛合作联社草拟了章程，并召开三次全体社员大会，讨论修改章程。全体社员大会对章程草案逐条讨论，并重点讨论了市场开拓、奶牛保险等基层社关心的问题。

（二）以开展鲜奶冷链设施建设为切入点，拓展销售市场空间，提升市场竞争力

奶牛合作联社成立后，从李各庄村租赁土地30亩，建设集办公、培训于一体的鲜奶收购储运中心，设计储藏能力100吨。投资方案由理事会提出，全体社员大会批准。总投资560万元，其中约一半用于添置冷藏、运输设备，其余用于建设化验室以及建筑所需房屋等。其中，化验室建设投资70余万元，主要设备从丹麦进口，引进了当时世界先进的鲜奶成分测量仪器，一方面从硬件建设上防止了乳品加工企业对奶农提供的产品单方化验、定级，一方说了算的问题；另一方面，它也引导奶农按照联社的要求进行标准化饲养，以达到质量标准。

为了改变原来奶牛合作社只能向本地乳品加工企业销售鲜奶的局面，奶牛合作联社添置了4辆25吨鲜奶运输车，将送奶半径扩大到500公里，可以直达三元乳品厂在河北省迁安的基地，从而明显扩大了联社拓展买方市场的地理范围，彻底改变了原来买方独家垄断的市场格局。

为了降低市场开拓的成本，奶牛合作联社首先利用李各庄奶牛合作社的天津市场销售鲜奶，由于鲜奶供应量比原来李各庄合作社单独送奶时增

---

① 和畜牧中心相类似，第一次选举时发起人李各庄村也想安排自己的两个人，结果"选花了"，没有当选。

加了 1 倍以上，乳品加工企业提供的购买价格也相应提高。① 同时，联社还开发了平谷市场以及本地市场。到 2008 年，密云本地市场仅占奶牛合作联社销售市场的 1/4，而其 1/2 的市场在天津，另外 1/4 的市场在平谷。

奶牛合作联社对基层社的主要服务除了统一收购鲜奶销售外，还包括为其提供市场信息和技术指导、统一防疫等服务。联社每个月召开一次理事会，研究市场行情、讨论改善饲养管理等问题。为最大限度节省管理成本，奶牛合作联社支付工资的全职工作人员只有两人：经理和会计。李各庄村的两名大学生"村官"兼任奶牛合作联社奶站的化验员、收奶员，联社不再付给他们工资。理事长及其他理事会成员的工作全部是义务工作。

（三）政府提供有力的外部支持

密云县"十一五"规划提出了发展以奶牛业为主的绿色养殖业作为发展现代农业的重要支柱，并提出要通过促进农民专业合作组织的发展推进现代农业建设。在此发展战略指导下，在奶牛合作联社的发展中，密云县政府除了前面提到的引导创立、健全内部制度以及提供技术和防疫服务外，还给予了直接的财政资金补贴。

2007 年，密云县政府承诺提供 300 万元支持奶牛合作联社的奶站建设，具体方式是通过贷款担保公司帮助联社取得贷款，并为联社支付贷款利息，最终帮助联社偿还贷款。

此后，密云县政府又直接投资 40 万元为奶牛合作联社购置了一辆 15 吨的鲜奶运输车，要求联社用此车专门收购那些远离养殖小区的奶牛养殖散户的鲜奶。截至 2007 年底，奶牛合作联社已经与近 30 户散户建立了长期收奶业务关系，这些散户的奶牛养殖规模合计达到上千头，每天收购鲜奶 10 吨左右。它不仅便利了散户的鲜奶出售、提高了散户的鲜奶销售价格，而且扩大了奶牛合作联社的鲜奶销售规模。

此外，密云县政府引导和支持奶牛合作联社开展奶牛保险。每头奶牛缴纳保险费 500 元，其中，政府补贴 80%，农民自筹 20%。基层社积极响应，入保奶牛达到 7000 余头。

---

① 为保证鲜奶原料的稳定供应和鲜奶的质量，国内各大乳品加工企业对奶牛养殖场或合作社大多采取了在同质同价的基本原则下销售鲜奶的规模越大、收购价格越高的市场策略。

二 奶牛合作联社初显的优越性与潜在的问题

（一）奶牛合作联社的优越性

奶牛合作联社成立时间虽不长，但是，其优越性已经初显。

首先，提升了与乳品加工企业的市场谈判能力，打破了原来基层社只能无奈地面对乳品加工企业的独家买方垄断，完全被动地接受其单方给定的质量等级和鲜奶价格的市场格局，实现了与乳品加工企业的直接谈判、讨价还价，在鲜奶收购价格形成中占有了一席之地。由此还引来多家乳品加工企业主动上门联系，寻求建立长期合作关系。基层社形象地反映，加入奶牛合作联社后的最大变化是从原来的"送奶"变成了目前的"卖奶"。而2007年国内鲜奶供不应求的市场大环境也为奶牛合作联社改善竞争地位提供了良好的机遇。

最典型的一例是，国内某大型乳品加工企业华北地区总裁得知密云奶牛合作联社成立后，亲自上门拜访，与联社洽谈鲜奶供应合作事宜。双方先后谈判了十轮，最终达成了合作协议，也解决了困扰基层社的几大核心问题。一是废除了乳品加工企业自定的收奶标准。统一采用国家制定的产品标准，从源头上抑制了乳品加工企业利用自我标准压级压价的潜在风险。二是稳定了鲜奶收购价格。乳品加工企业向奶牛合作联社按保护价收购鲜奶，比在市场上收购散户鲜奶的收购价格高出10%，降低了企业随意变动价格的风险。三是稳定了供奶量。乳品加工企业承诺敞开收购奶牛合作联社的鲜奶，保证奶农社员的鲜奶有价也有市。[①]

其次，实现了外部规模经济。奶牛合作联社通过统一组织鲜奶运输、冷藏和销售，统一提供技术服务等，降低了基层社鲜奶的运输成本和销售费用，实现了外部规模经济。奶牛合作联社成立前，奶牛合作社负责收购社员的鲜奶，并各自送到乳品加工企业。现在，它们只需将鲜奶交到奶牛合作联社即可，由联社统一将基层社的鲜奶销售到乳品加工企业，并按照

---

① 2007年，国际市场发生突变，作为世界主要奶粉供应国和中国市场主要进口国的新西兰、澳大利亚发生旱灾，导致全球牛奶产量大幅下降，国内市场奶源不足，龙头企业纷纷争夺鲜奶源，此条后来被取消，企业对于联社提供的鲜奶全部收购。

实际的鲜奶出售价格与基层社一个月结算一次，中间不收取任何管理费。

奶牛合作联社由于统一销售鲜奶的规模大，并自备运输工具直接送到乳品加工企业，乳品加工企业按照市场价格向奶牛合作联社支付鲜奶运费，奶牛合作联社在扣除实际运输成本后，年结余可达 30 余万元，除去用来支付奶牛合作联社全年近 20 万元的人员、办公等运营开支后，还有 10 万元的净盈余，这也是奶牛合作联社目前唯一的收入来源。

最后，开展了互助保险，基层社抗风险能力得到提升。在前面提到的奶牛保险中，当时政府与商业保险公司的约定是：如果奶牛因疾病死亡，每头补贴 5000 元；如果因一般性疫病死亡，每头补贴 8000 元。但是，当基层社已经向奶牛合作联社交纳了保费，奶牛合作联社准备签订正式合同时，商业保险公司毁约，只保奶牛意外死亡险。而这个险种对于广大奶农来讲并无实际意义。为了维护广大基层社的利益，奶牛合作联社开展了互助保险，实现了基层社自己无法实现的目标。

（二）奶牛合作联社的困境与问题

密云奶牛合作联社在取得明显的合作效应的同时，运行中也遇到了困境，暴露出一些问题，主要有以下两点。

第一，资金来源单一，主要依靠外部。奶牛合作联社的章程规定，社员按照 50～500 元/头交纳股金，但在实际中，这一条基本没有执行，因为理事会认为时机尚不成熟，目前阶段的主要工作是吸引游离在联社外的规模养殖场大户入社，让他们从合作中得到的实惠远远高于加入其他组织所带来的利益。① 奶牛合作联社已经注入的 560 万元投资，主要依靠外部贷款和拆借，其中，从农村商业银行贷款 300 万元，其他主要是从李各庄奶牛合作社拆借的资金。

第二，联合社运营依赖于"大户社员"。从成立一年多来的运行情况看，奶牛合作联社能有效发挥作用在较大程度上依赖于李各庄基层社。从重大投资项目策划，到资金筹措，再到日常工作人员提供等，可以讲，如

---

① 理事会的具体目标是把前面提到的、那些从奶业协会中分离出去"单干"的奶牛养殖场大户吸引回来，在目前奶牛合作联社覆盖所有奶牛合作社和部分规模奶牛养殖场的基础上，实现对全县规模奶牛养殖场的全覆盖。

果没有李各庄基层社，奶牛合作联社的经营就不会有今天的业绩。①

相比之下，其他基层社在其中缺少投入，尤其是资金投入，而这又与前面提到的奶牛合作联社决策层的指导思想有直接的关系。笔者认为，基于奶牛合作联社基层社经营实力普遍有限的现状，奶牛合作联社在发展初期依靠既有经济实力又有销售网络和社会关系网络的个别基层社开展经营活动，有其经济合理性。但是，如果奶牛合作联社的运行过分地依靠某个基层社，那么，其发展将存在被个别基层社所左右的潜在风险。事实上，在奶牛合作联社的基础设施建设中已经暴露出了一些问题。例如，建在李各庄村的奶牛合作联社培训楼和办公室，占地面积偏大，功能设计明显多元化，一旦奶牛合作联社撤出或无力偿还从李各庄合作社拆借的资金，村里即可将该地转为旅游开发景点区。对于李各庄合作社，这种选择是理性的，即尽可能地规避投资风险。然而，对于发展初期的奶牛合作联社来讲，这无疑增加了投资规模和投资成本。

因此，从长远发展看，奶牛合作联社面临从依靠个别基层社到由全体基层社共同参与的机制转换，通过调动全体基层社的积极性，对奶牛合作联社进行共同的资金投入，建立起全体基层社与奶牛合作联社内在的利益联结机制，更加明确各基层社的权利和义务，让基层社在获得规模收益的同时，也按照与奶牛合作联社的交易额比例相应地分担其经营风险，最终建立起奶牛合作联社可持续发展的机制。

三 前景展望与启示

（一）奶牛合作联社的发展前景

展望未来，继续巩固和提升市场竞争地位，改善为基层社的服务，仍然是奶牛合作联社的首要任务。而实现这一目标，奶牛合作联社将需要在以下三个方面进行突破。

第一，建立有效的成员入社制度，扩大基层社规模，最大限度地覆盖

---

① 当然，李各庄基层社也是奶牛合作联社成立的最大受益者，它不仅像其他基层社那样，社员从奶价提高中获益，而且也从奶牛合作联社的土地租赁费收入中受益。并且，李各庄村的知名度也会随着奶牛合作联社社会影响力的提高而同步提高。

本地区的奶农，以控制本地的鲜奶供应。为有效应对当地鲜奶市场买方寡头垄断的局面，奶牛合作联社需要建立起稳定的奶源供应基地。基本途径有两条：一是引导更多分散饲养的中小规模奶农加入奶牛合作联社，扩大基层社的覆盖面；二是吸引规模奶牛养殖场直接加入奶牛合作联社。后者需要奶牛合作联社不断增强经营实力，为这些作为专业大户的奶牛养殖场提供更有吸引力的鲜奶收购价格和优质服务。而前者则需要奶牛合作联社引导基层社在实践中履行成员资格开放的合作社基本原则，体现合作社自助的基本价值。不是从眼前的经济利益上核算组织的收益与支出，排斥小散户，而是以长远发展的战略目光，向小散户、弱势奶农敞开大门，最大限度地将广大奶农联合在合作社的大旗下，充分体现合作社成员互助的本质属性。

如果奶牛合作联社能够做到广泛吸纳弱小散户，那么，它在获得政府产业政策的倾斜上将继续保持并且扩大其已有的独特的有利地位。从政府已经实施的产业政策看，其帮助奶牛合作联社获得了至少两个方面的好处：一是降低了开展运输、冷藏等业务所需的基础设施建设的投资成本，并提高了其他竞争者进入的资本门槛，降低了潜在进入者对它的威胁，最终有助于形成合法的产业进入壁垒；二是改善了奶牛合作联社的资本、土地、劳动力等生产要素的供给状况，降低了经营成本，提高了与供货方或购买方议价的实力。

第二，延伸产业链条，逐步向奶业生产链条上游乃至下游延伸，进一步降低交易费用，削弱市场垄断势力，保证生产投入品的供应，消除负外部性，分享产品初加工的增值。目前，奶牛合作联社已经筹划向上游投入品联合购买乃至联合生产（例如部分饲料）、品种统一引进和改良等过程延伸，开展后向一体化，将各个基层社与投入品厂商之间的交易变为奶牛合作联社与投入品厂商之间的交易，甚至奶牛合作联社内部各部门之间的协作关系。这样不仅可以进一步降低市场交易成本，降低奶农的生产经营成本，而且有助于促进鲜奶品质的提升，不断提升奶牛合作联社对其他买方或卖方等市场竞争主体的抗衡力，并形成奶牛合作联社产品的品牌信誉，产生积极的正外部性，防止因个别基层社产品质量不过关而可能出现的负外部性。此外，奶牛合作联社还计划在未来几年内，投资建设奶粉加工生产线，开展前向一体化，让基层社不仅直接参与鲜奶加工利润的分配，而且彻底改变受制于乳品加工企业的局面。

第三，开展合作文化建设，不断提升社员的凝聚力，实现基层社的广泛参与。奶牛合作联社是基层社的联合社，它成立的宗旨是为全体基层社服务，谋求全体基层社的共同利益。因此，只有不断培养基层社的互助合作精神，形成团结、独立、自助、民主的合作文化，建立起广大基层社主动参与的机制，才能保证奶牛合作联社的发展战略不偏离方向。其中，基层社对奶牛合作联社的主动参与是全方位的，它不仅仅是对重大决策的参与，而且包括对各项经营活动的主动参与。例如，按照联社的要求提交鲜奶，保质保量；按照与联社的协议购买投入品等；参与收益的分配，即分享联社开展投入品购买和产品销售等共同经营活动所产生的盈余或分担相应的亏损。从近期发展看，最重要的是加大广大基层社在奶牛合作联社中的资金投入，明确各基层社所享有的收益权和应当承担的潜在风险，逐步建立利益共享、风险同担的机制。否则，随着奶牛合作联社经营业务的不断扩大，它将面临经营业务"两张皮"的危险，即不是奶牛合作联社自我经营，而是变成了奶牛合作联社购买某个基层社提供的服务。

(二) 奶牛合作联社发展的启示

从密云奶牛合作联社的案例中，可以得到以下三点基本推论。

第一，走向联合是农民专业合作社发展的必然趋势，而联合的形式是开放式还是封闭式，并无固定范式。农民专业合作社成立后，虽然帮助广大小农社员取得了规模效益、降低了交易成本，但是，与同行业中其他市场竞争主体特别是业内的龙头企业相比，农民专业合作社仍然是中小企业，仍然势单力薄，在市场竞争中仍然不能获得公平的竞争地位，往往处于被动的价格接受者的地位。因此，为了改善自身的市场境遇，农民专业合作社走向联合将成为必然趋势，因为只有联合，才能以最低的成本实现市场的快速扩张，提升农民专业合作社的竞争实力。但是，联合的方式是采取封闭式的，即组织成员仅局限于合作社成员之间，还是采取开放式的，即吸纳同行业的其他市场主体加入，例如本案例中的奶牛养殖场大户加入，并无一个固定的模式，而是取决于多种因素：该行业农民专业合作社的发育程度，其市场份额、合作社产品的特性，以及其产品所处的市场结构。

如果农民专业合作社的普及程度不高，所覆盖的成员规模有限，成员所提供产品的市场份额偏低，而且市场并不是完全竞争的，那么，采取社员开放式的联合社发展道路是非常必要的。它可以帮助农民专业合作社最大限度地将处于相近市场地位的同业者联合起来，以有效地对抗大资本，改善市场结构。如果单纯地追求合作社联合社的"纯度"，强调联合社必须由农民专业合作社组成，那么，就可能难以有效发挥合作社联合社应有的功效，在短期内会抑制合作社联合社的健康发展。因此，选择联合方式的标准只有一个，那就是最大可能地提升农民专业合作社的竞争力，扩大农民专业合作社的市场份额，给广大社员带来最大的经济利益。

第二，政府对于合作社联合社的推动作用不可或缺，但有个"度"。成立合作社联合社是农民专业合作社的一次集体行动，其目的是通过联合行动追求基层社的共同利益。按照奥尔森[①]的理论，由于个人利益与集体利益并不完全一致，组织内部成员之间既有一致的共同利益，也有各自的自我利益。具体到组建联合社的行动，对于每个个别的基层社而言，它发动其他基层社加入联合社，组织的产出是成员的共同利益，要与其他基层社平等分享。即它在行动中所获得的收益与其他基层社相同，不存在额外的收益。而其他基层社的行动是一种"搭便车"行为，结果将是个别基层社牵头领办联合社的内在激励不足。为此，奥尔森提出了向成员提供"选择性激励"的理论。然而，即使"选择性激励"机制生效，个别基层社为了自身利益的改进而产生了率先采取行动的动力，集体行动也并不一定能产生。因为这些可能牵头发起联合社的基层社与其他基层社所处的社会经济地位大多相仿，彼此之间相互封闭、不了解，缺乏必要的信任和合作基础，因而对其他基层社缺乏有效的社会动员力，更谈不上权威性。因此，仅仅依靠基层社自我组建联合社至少在目前的农村存在较大的困难。在此

---

① 曼瑟尔·奥尔森：《集体行动的逻辑》，陈郁译，上海人民出版社、上海三联出版社，2003。

背景下，政府介入，利用自己特有的社会资源优势，作为第一推动者，能够填补发起人供给不足的空缺。①

政府牵头帮助指导组建联合社，不仅可以充分利用自身特有的社会动员力和社会信誉度，在短期内将本地区有着相同需求的基层社聚集起来，而且在为基层社提供市场信息、资金支持、技术服务等生产要素和搭建公共服务平台上也占据明显的独特优势。正因为如此，国际劳工组织1999年通过的《合作社促进建议书》中倡议，各国政府要支持合作社建立有利于对社员需求做出反应的组织结构，包括合作社联合社或联盟。②

但是，政府参与联合社的创建隐藏着风险，那就是在联合社的发展中往往会注入过多的政府意愿，而非基层社社员的要求。因此，如何坚持联合社满足全体社员的共同需要、为社员的共同利益服务的基本宗旨是关键。联合社是由基层社共同拥有、民主管理和共享利益、共担风险的合作组织。联合社健康运行的关键是保持独立、自治，例如决策层人选、发展战略制定、重大投资决策等都应当坚持由基层社共同做出决定，而不是由政府取而代之。如果不坚持住这一点，也就是放弃了合作社的基本原则，那么，联合社也就成为无源之水，失去了立足之本。

第三，联合社的发展道路并不一定要"自下而上"，关键在于基层社是否存在联合的需求，在于联合社的运行能否坚持独立、自治、民主的合作精神。合作社联合社的发展道路是否一定要"自下而上"而不能"自上而下"？这在国内一直是个争论不休、无法回避的问题。密云奶牛合作联社的实践表明，将"自下而上"的基层社需求与"自上而下"的政府积极性结合起来，并且形成

---

① 一个典型的例子是，笔者在密云板栗合作联社的调查中发现，2006年初，当全县板栗合作社达到了30家后，由于各个合作社之间没有联系，信息相互不沟通，造成出售价格高低不等、相差较大。最严重的时候，同一时间，相同产品只因来自不同的合作社，价格相差高达0.6~0.8元/公斤，结果，栗农的经济利益无法实现最大化。在此背景下，基层合作社中出现了联合的呼声。但是，它们并没有自我采取行动，而是找到当地政府，请求政府牵头帮助基层社成立联合社。密云县政府在本县合作社指导专家的建议下，责成县农经站负责对板栗合作社自发组建联合社的具体指导工作。县农经站首先在板栗基层社中物色了候选发起人，并由候选发起人召集30家基层社召开成立联合社的预备会，选举理事会、监事会成员。其中，理事标准除了人品好、信誉好、组织能力强外，还注意到了全县不同产区、不同区域的代表性。

② 唐宗琨：《中国合作社政策与立法导向问题：国际劳工组织〈合作社促进建议书〉对中国的意义》，《经济研究参考》2003年第43期。

两者的有效互动，是推动合作社联合社健康发展的有效途径。合作社联合社的发展道路并不存在唯一标准，而是取决于本地的组织资源优势和制度遗产。

从国外的经验看也是这样。西方合作运动大多是"自下而上"，即先有基层社，待基层社发展数目已多，感到有联合的必要时，才共同组成它们的联合社。以德国的农业合作社为典型案例。当基层社发展到一定程度后，因业务发展的需要，基层社通过自发联合建立起了联合社。以奶业联合社为例，20世纪70年代，德意志联邦共和国成立了17个区域牛奶合作中心，以生产奶油为主，同时也生产一些干酪或其他奶制品。区域合作社联合社集中为社员出售产品或为社员购买所需用品，节省了社员的时间和费用。并且在大量消费地区设置冷藏库，通过全国联合社调节牛奶生产量季节性的波动，平衡各地区牛奶需求的过剩或不足。联合社的工作主要包括：对基层社进行指导，包括法律、财务等事务；合作教育与培训；印制出版物。①

但是，也有些国家情况不同。在部分合作运动后发国家，因为已经有很多国家的经验可以借鉴，因而"自上而下"地组成联合社，例如芬兰。作为一个小国，芬兰首先于1899年成立社团性质的全国性的合作社联合组织，再由它派人到各地区指导民众组成各种基层社，尽管不少基层社是在联合社的指导下成立的，但是，基层社成立后，仍然是独立的，具有充分的民主和自主精神，并且作为经营具体业务的联合社，通常是"自下而上"产生的。②

因此，合作社联合社的发展道路需要从实际出发，既可以"自下而上"，也可以"自上而下"与"自下而上"相结合。与"自下而上"相比，"自上而下"的发动方式比较迅速，但依此组建的联合社容易变质，因而保持基层社的民主、独立精神至关重要。

参考文献

[1]〔美〕迈克尔·波特：《竞争论》，高登第、李明轩译，中信出版社，2003。

[2]〔美〕曼瑟尔·奥尔森：《集体行动的逻辑》，上海人民出版社、上海三联出版

---

① 尹树生：《各国合作制度》，正中书局，1973。
② 尹树生：《各国合作制度》，正中书局，1973。

社，2003。

［3］金石言：《产业组织经济学》，经济管理出版社，1999。

［4］尹树生：《各国合作制度》，正中书局，1973。

［5］唐宗琨：《中国合作社政策与立法导向问题：国际劳工组织〈合作社促进建议书〉对中国意义》，《经济研究参考》2003年第43期。

（本文原载于《中国农村经济》2008年第8期）

农民专业合作社的再合作研究[*]

——山东省临朐县志合奶牛专业合作社联合社案例分析

周　振　孔祥智　穆娜娜[**]

一　问题的提出

随着我国市场化改革的不断深化，小农户与大市场的矛盾日益凸显。越来越多的学者认为农民经济合作组织是联结小农户与大市场，促进现代农业发展的必然选择。[①] 自 2006 年《中华人民共和国农民专业合作社法》颁布以来，我国农民专业合作社得到了长足的发展，不少农村地区掀起了创办合作社，走合作经营的热潮。[②] 目前，农民专业合作社在推进农业产业化经营，提高农民组织化程度，增强农民市场谈判地位等方面正发挥着积极的作用。[③] 不过，我国农民专业合作社总体上还处于发展的初期阶段，仍存在发展不平衡、经营规模小、服务层次低、规范化程度不高、带动能力不强等问题。[④] 尤其是许多合作社依然面临着市场竞争能力弱、经营效

---

*　基金项目：国家社会科学基金重点项目（13AZD003）；国家自然科学基金面上项目（71273267）；国家社会科学基金青年项目（13CJY080）；农业部项目（34113041）。

**　周振，湖北仙桃人，中国人民大学农业与农村发展学院博士研究生，主要从事农村合作经济研究；孔祥智，中国人民大学农业与农村发展学院教授、中国合作社研究院院长；穆娜娜，中国人民大学农业与农村发展学院 2015 级博士研究生。

①　牛若峰：《论市场经济与农民自由联合》，《中国农村经济》1998 年第 7 期。

②　邓衡山、徐志刚、黄季焜等：《组织化潜在利润对农民专业合作组织形成发展的影响》，《经济学（季刊）》2011 年第 4 期。

③　孔祥智等：《中国农民专业合作社运行机制与社会效应研究——百社千户调查》，中国农业出版社，2012，第 201 页。

④　万宝瑞：《关于农民专业合作社当前急需关注的几个问题》，《农业经济问题》2010 年第 10 期。

益低的问题。① 黄祖辉认为，农民专业合作社市场竞争能力弱的原因在于合作社普遍存在规模小、效率低的问题，而规模小是其效率低的根源。② 为解决上述问题，越来越多的专业合作社选择组建联合社的方式，希望通过合作社之间的合作与联合来降低交易成本，提高市场议价能力。在我国，已经有不少地方陆续成立了农民专业合作社联合社。欧美合作社的发展路径也表明，为了获得发展动力和提高组织竞争力，实现多种形式的联合是合作社的必由之路。③

目前，关于国内联合社的研究逐渐起步。一是对联合社本质的研究。蒋晓妍认为，联合社作为一种制度安排，其产生与发展是我国农村经营制度在农业产业化经营实践中具有时代性的制度变迁与创新；④ 张娟指出，联合社是在农民专业合作社发展以后，应农民专业合作社发展需求而形成的，是一种自下而上的变迁过程。⑤ 二是对联合社作用的研究。苑鹏以北京市密云县奶牛合作联社为例，指出联合社在降低合作社的交易成本、提高议价能力、改善社员服务方面能发挥积极的作用；⑥ 朱启臻以黑龙江省讷河市大豆合作联社为例，发现联合社的作用不仅仅局限于经济方面，在提高农民组织化程度、社会治理上都起到了作用。⑦

不过，现有的文献较少涉及对联合社生成机制的解释与研究，更鲜有学者从新制度经济学的视角出发，剖析联合社的成因。本文将以山东省临朐县志合奶牛专业合作社联合社为研究对象，将"组织化潜在利润—利益一致性—合作社诱致性制度创新"作为研究主线，对联合社制度创新进行制度变迁视角的解读，探讨蕴含其中的理论价值和政策含义。

---

① 胡冉迪：《当前我国农民专业合作社创新发展问题与对策研究》，《农业经济问题》2012年第11期。
② 黄祖辉：《农民合作：必然性、变革态势与启示》，《中国农村经济》2000年第8期。
③ 唐宗焜：《合作社真谛》，知识产权出版社，2012，第44页。
④ 蒋晓妍：《国外农民合作社联合社的制度设计及对我国的启示》，《北方经济》2010年第6期。
⑤ 张娟：《农民专业合作社联合社的变迁路径》，《农村经济》2012年第11期。
⑥ 苑鹏：《农民专业合作社联合社发展的探析——以北京市密云县奶牛合作联社为例》，《中国农村经济》2008年第8期。
⑦ 朱启臻：《联合社的作用远非经济——以黑龙江省讷河市大豆合作社联合社为例》，《中国农民合作社》2012年第4期。

二　理论框架

（一）组织化潜在利润与制度变迁

诺斯制度变迁模型的基本假定是：制度变迁的诱致因素是主体期望获取的最大潜在利润。潜在利润是一种在已有的制度安排结构中主体无法获取的利润，可以理解为制度不均衡时的获利机会，是诱使行为主体和决策主体自发进行成本收益比较并实施制度创新的根本动力。潜在利润的来源主要有四个方面：一是由规模经济带来的效益；二是由外部经济内在化带来的利润；三是克服对风险的厌恶带来的效益；四是交易费用转移与降低带来的利润。[①] 在现有的制度结构下，由规模经济、外部性、风险和交易费用所引起的收入的潜在增加不能内在化时，一种新制度的创新可能使这种潜在利润内在化。[②] 因此，要获取潜在利润，就必须进行制度的再安排或制度创新。

我国农民专业合作社联合社正是在潜在利润的驱动下得以产生和发展的。随着经济全球化与我国市场化改革的日益深入，"小"、"散"、"虚"的农民专业合作社很难同农业企业等市场主体进行竞争，农民专业合作社的进一步联合与合作蕴含了巨大的组织化潜在利润。所谓组织化潜在利润，是指在一定的经营水平下组织化的获利空间，是同单个合作社与市场打交道相比，通过合作社的进一步组织所能增加的利润潜力或空间，即规模经济带来的效益。首先，合作社的进一步组织化有助于扩大其规模，提高市场谈判地位。单个合作社生产经营规模较小，市场谈判地位还很低，在产品交易中无法获取更多的利润；而通过"抱团"的方式组建联合社，可以迅速提升生产经营规模，建立起与农业企业谈判的基础，从而能在生产资料、服务与产品等方面获取更多的利润。其次，合作社的再合作能节约交易成本。例如，通过纵向一体化的方式将产品上下游之间的各合作社组织起来，形成利益共同体，能够降低交易的不确定性。再者，合作社的

---

① North. D，*Structure and Change in Economic History*（W. W. Norton & Company Inc.，1981 pp. ）。

② L. E. 戴维斯，D. C. 诺斯：《制度创新的理论：描述、类推与说明》，载 R. H. 科斯，A. A. 阿尔钦，D. C. 诺斯《财产权利与制度变迁——产权学派与新制度学派译文集》，刘守英等译，上海三联书店、上海人民出版社，1994，第 279~281 页。

联合还能使其分享到产品升值的利润。我国多数农民专业合作社的利润局限在生产环节，但是通过"再联合"的方式，能够集中力量办大事，延伸产业链条，从而获取更多利润。目前，我国已有不少地区出现了合作社联合社，它们都是合作社在追逐上述组织化潜在利润过程中的产物。

（二）利益一致性与诱致性制度变迁

制度变迁可以分为强制性制度变迁与诱致性制度变迁两种形式。强制性制度变迁，是政府运用政治力量进行的制度变革；诱致性制度变迁，指的是现行制度安排的变更或替代，或者是新制度安排的创造，由个人或一群人在响应获利机会时自发倡导、组织和实行，实质上是对产权的重新界定、调整与配置的过程。[①] 而产权的重新界定、调整与配置势必会对利益相关者的经济利益带来深刻影响，如此，制度变迁与创新过程中的利益团体得以形成。[②]

根据诱致性制度变迁理论，制度变迁与创新是一个由诸多利益团体共同组成的集体选择行动的过程，因此利益团体之间能否就制度变迁与创新达成利益的一致与协调，将直接影响到制度创新速度、成本，决定着更加有效的制度变迁与创新能否发生。[③] 在诱致性制度变迁过程中，要使一套新的行为规则（或规范）被所有利益团体或个人普遍接受和采用，需要参与者之间对利益进行谈判。Davis 和 North 进一步指出，如果利益团体内分歧很大，很难达成一致意见，那么会使一些诱致性制度变迁无法产生。[④]

根据经验观察总结，我国农民专业合作社联合社涉及的主要利益团体包括农户和农民专业合作社。而农民专业合作社联合社得以自发形成的关键在于其主要利益团体内部及相互间利益的一致性。从农户角度来讲，提高农业收入是其利益所在。加入联合社可以增加自身抗风险能力，降低生产销售成本，提高农业收入。从农民专业合作社来讲，经济效益与生产服

---

① Lin J. Y，"An Economic Theory of Institutional Change：Induced and Imposed Change，" *Cato Journal*，（1989）9（1）：1 – 13.

② 〔美〕奥尔森：《集体行动的逻辑》，陈郁等译，上海三联书店，1995，第 119 页。

③ 〔日〕青木昌彦：《比较制度分析》，周黎安译，上海远东出版社，2001，第 197 页。

④ Davis L. E.，*North Douglass C. Institutional Change and American Economic Growth*（Cambridge University Press，1971），p. 253.

务是其利益所在。加入联合社可以降低交易成本、提高生产服务能力，实现规模经济、范围经济。正是各利益团体内部及相互间利益的高度一致，才使得农民经济合作组织制度得以以较低成本实现制度创新，促进了农民专业合作社联合社的诞生。

三 案例分析

志合奶牛专业合作社联合社位于山东省潍坊市临朐县。临朐县是山东省最大的优质奶源生产基地之一，具有良好的奶牛养殖基础，2006 年被中国奶业协会评为全国牛奶生产 50 强县。2010 年成立的志合奶牛专业合作社联合社，是合作社为增强市场谈判能力而进行的一次组织创新，它的成立过程是一次典型的诱致性制度变迁。

（一）组织化潜在利润

通过联合的方式扩大经营规模，提升与农业企业的市场谈判能力是许多合作社选择联合的主要原因。临朐县志合奶牛专业合作社联合社成立前的组织化潜在利润也是如此。下面我们将以临朐县佳福奶牛养殖专业合作社为例进行具体介绍。

佳福奶牛养殖专业合作社是联合社的主要发起单位，成立于 2006 年 5 月。该合作社实行统一采购、统一管理、统一销售的"三统一"标准，获得了较好的经济效益，不到一年合作社社员迅速发展到 100 多户。2009 年，佳福奶牛养殖专业合作社与某乳品企业达成销售协议，在销售环节实现了突破性进展。但是好景不长，2010 年起合作社在市场交易中遇到了两大难题。一是乳品企业凭借其市场垄断力量，压低合作社鲜奶收购价，价格比市场价低出 0.2 元/千克。合作社每日鲜奶产量约 3 吨，价格压低后平均每月利润损失达 18000 元。二是乳品企业恶意拖欠合作社奶款。在压低合作社奶价的同时，乳品企业每月拖欠合作社的奶款逾 20 万元，有时甚至连续拖欠两三个月的奶款，严重影响了奶农的生产经营活动，致使部分奶农对合作社丧失了信心。当年就有不少奶农提出要退出合作社，合作社陷入了解体的危机之中。

面对内忧外困的局面，合作社理事长秦某屡屡上门向乳品企业讨要奶款，但是乳品企业以诸如行业不景气等各种理由推脱，对此秦某束手无策。倘若此时更换合作企业，合作社还将面临着拖欠的奶款无法追回的风险，会造成严重的经济损失；如果不更换合作企业，将会继续被乳品企业恶意压低奶价与拖欠奶款，同样也会造成经济损失。合作社陷入了进退两难的尴尬境地。

（二）利益一致性与合作社组织诱致性创新

正在此时，秦某偶然打听到，与它们面临着相同困境的合作社不在少数，仅临朐县就有 7 家。于是，秦某萌发了一个念头：7 家合作社联合起来共同解决问题。同时，秦某通过网上搜索，发现不少地方已经有了合作社联合起来闯市场的先例，这使秦某更加坚定了成立联合社的信心。

根据上文的理论分析，在组织化潜在利润出现时，合作社能否成功地自发组建联合社的关键在于合作社能否有一致的利益。产品同质性的合作社群体，更有可能形成利益共同体。临朐县的 7 家奶牛合作社生产的产品几乎完全同质，而且都面临乳品企业利益压榨的问题，具有共同的利益。这一点为它们组建联合社降低了谈判成本。

2010 年 7 月，佳福奶牛养殖专业合作社理事长秦某将其余 6 家合作社的理事长召集在一起，共同商讨目前合作社面临的困境。7 家合作社一致认为，造成当前困境的原因就在于合作社的规模小、实力弱，没有形成规模经济。单个合作社的奶量不足以对乳品企业的奶源造成太大影响，乳品企业自然有恃无恐。在会上秦某提出了合作社联合起来，组建联合社共同对抗乳品企业的方案。这个方案提出后，立即得到了合作社代表的一致同意。为此，他们还算了一笔账：一个合作社一天的产奶量在 2～3 吨，7 家合作社的产奶量加起来一天就是 17～18 吨。如果 7 家合作社联合起来，一同停止与该乳品企业的合作，势必会对该乳品企业的生产造成影响。因此，7 家合作社代表签字决定联合起来，抵制压价，讨要奶款。在会上，秦某当选为联合社的理事长。

2010 年 8 月，在 7 家奶牛合作社的自我组织下，潍坊市临朐县志合奶牛专业合作社联合社正式在当地工商部门注册成立。联合社采取了有效的运行机制，这种运行机制可概括为"两个统一"：一是联合社统一购买农资或技术服务，并以原价向合作社提供；二是合作社产品统一由联合社组织销售（负责联络销售渠道，有别于合作社将产品销售给联合社），由联合社与企业进行产品定价，从过去的单兵作战转向如今的集团军行动。

（三）诱致性制度变迁的收益：潜在利润显现化

潍坊市志合奶牛专业合作社联合社成立后，为临朐县奶牛合作社的发展壮大迎来了新的契机。合作社通过以联合社的组织形式，攥起拳头打市场，获得了良好的经济效益，诸多组织化潜在利润逐渐显现（如图 1 所示）。

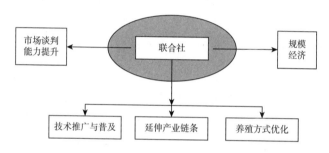

图1　志合奶牛专业合作社联合社潜在利润显现

首先，组建联合社后，合作社的市场谈判能力得到了提高。最典型的事件是，志合奶牛专业合作社联合社成立当天，就正式向乳品企业发出通知：鉴于该乳品企业一直以来对联合社成员社压低奶价、拖欠奶款，联合社集体决定，从明日起，停止向该乳品企业提供鲜奶。乳品企业接到通知后，大为紧张。当天晚上乳品企业的总经理就赶赴临朐，与联合社进行协商，最终达成了一致：一是拖欠 7 家合作社共计 120 多万的奶款，第二天即发放；二是签订奶款协议，保证以后绝不拖欠奶款；三是提高奶价，与市场收购价格持平。合作社采取联合销售的措施，有力地打击了乳品企业的买方垄断势力，成功扭转了合作社以前被动接收买方收购条件的市场格局，提升了合作社与乳品企业的市场谈判能力。

其次，在农资购买方面，联合社采取统一购买的措施，产生了规模经济效应。联合社成立后，成为较大的市场主体，在农资消费方面形成了规模。在与农资供应方的谈判中也占据主动地位，降低了农资购买成本。以奶牛养殖常用的苜蓿草为例，以前单个合作社采购苜蓿草时，到港口自提价为每吨3200元。而联合社成立以后，潍坊一家专门经营进口苜宿草的公司主动上门，与联合社达成合作协议。联合社采购苜蓿草的价格依旧是每吨3200元，但是公司提供免费送货上门服务。公司1车能载35吨苜蓿草，平均每吨苜蓿草的运费在100元左右，仅1车苜蓿草就为合作社节省了3500元。

再次，通过整合优势资源，联合社向合作社提供技术普及与推广服务。联合社内部不乏养殖"高手"，他们的养殖能力、信息收集能力等都强于一般奶农。联合社充分利用这一优势，在内部多次举办养殖技术座谈会，开展交流、学习培训、现场观察等活动，及时为奶农提供科技养殖信息与技术等。此外，联合社还从外部引进先进生产技术。志合奶牛合作社联合社凭借自己的实力与影响力，与山东广播电视学校在临朐县共同创办了奶牛学校。在奶牛学校任教的老师是来自科研院校的专家、教授。每一批学员都要经过两年的系统学习，经过考试合格后，还会获得由山东广播电视学校颁发的正规专业证书。奶牛学校创办以来，为联合社提供了大量的技术人才，极大地提高了联合社奶牛养殖水平，保证了联合社的长远发展。同时，奶牛学校的影响力也在不断扩大，学校中就有不少从内蒙古、四川等地慕名而来的学员。

最后，在联合社的带动下，临朐县的奶牛养殖方式正在逐渐优化。组建联合社后，合作社的规模、实力都得到了较大的提升与改善，也有了实力优化传统的养殖方式。从2011年起，在联合社的带动下，临朐县积极升级奶业生产方式，从粗放型养殖向集约化养殖转变，建立奶牛养殖基地，实施规模化、集约化、现代化的养殖方式。截至2014年，联合社已经建立起多个标准化奶牛养殖基地，奶牛存栏量可达到2万多头。联合社的每一个社员都能享受到标准化养殖的服务，奶农还可以将自家奶牛送到养殖基地托管，由联合社工作人员代为管理。这种方式不仅降低了奶农的养殖成本，还提升了牛奶产量与质量，形成了良好的经济效益，促进了奶业增效与奶农增收。

此外，联合社还积极延伸产业链条，拓展了销售渠道。2012年，联合社在临朐县开办了直销鲜奶吧。直销鲜奶吧不仅拓宽了联合社的产品销售渠道，而且为奶农增收开辟了新的路径。直销鲜奶吧试点成功，还为联合社创建品牌奠定了基础，提升了社员信心。2013年，联合社已着手谋划品牌建设。

四 结论与启示

从山东省临朐县志合奶牛专业合作社联合社的诱致性制度变迁过程中，我们不难得出如下结论：首先，组织化潜在利润的出现是合作社诱致性制度变迁的内在动力，而联合社在某种程度上是合作社获取潜在利润的重要组织形式。其次，利益一致性是合作社实现联合的重要条件，利益一致性越高，合作社之间的谈判成本越低，越有利于联合社的自我组建。

通过志合奶牛专业合作社联合社的案例分析，我们可以得到如下启示："抱团"经营的松散型联合社向"一体"经营的紧密型联合社转变，将成为未来我国联合社发展的必然趋势。截至2014年我国已有农民专业合作社近百万个，发展迅速，极大地推动了我国现代农业的发展。同时，不可否认的是，合作社与其他市场主体相比，仍旧势单力薄，根本无法获得公平的竞争地位，因此促进合作社之间的联合与合作应成为国家政策的重要取向。

（本文原载于《当代经济研究》2014年第9期）

利益一致性、供销社推动与
农民专业合作社的联合
——基于河北省灵寿县青同镇农民专业
合作社联合社的案例分析

周　　振　　谭玥琳　　孔祥智*

　　农民专业合作社在推进我国农业产业化经营、提高农民组织化程度、增强农民市场谈判地位等方面正发挥着积极的作用,[①] 但与其他市场主体,如大公司相比,合作社的竞争力量仍然有限,并面临经营规模小、服务层次低、规范化程度不高、带动能力不强、市场竞争能力弱、经营效益低等问题。[②] 合作社联合社是合作社发展到一定阶段的产物。成立联合社,不仅可以通过横向一体化实现规模经济、范围经济,最大限度地降低合作社的交易成本、降低市场风险、提高市场谈判地位、改善社员服务,而且可以促进纵向一体化经营,加强资源要素整合,延长产业链条,拓宽合作社发展空间。

　　近年来,各地不断涌现出建立合作社联合社的积极探索模式,既有基层合作社自发联合形成的自下而上的开放式或封闭式联合,也有由政府意

---

*　周振,中国人民大学农业经济管理专业 2013 级博士研究生;谭玥琳,北京市发展和改革委员会宏观政策研究岗位;孔祥智,中国人民大学农业与农村发展学院教授、中国合作社研究院院长。

①　唐宗焜:《合作社真谛》,知识产权出版社,2012。孔祥智等:《中国农民专业合作社运行机制与社会效应研究——百社千户调查》,中国农业出版社,2012。

②　万宝瑞:《关于农民专业合作社当前急需关注的几个问题》,《农业经济问题》2010 年第 10 期。陈晓华:《总结经验,明确任务,促进农民专业合作社又好又快发展——在全国农民专业合作社经验交流会上的讲话》,《中国农民合作社》2010 年第 10 期。胡冉迪:《当前我国农民专业合作社创新发展问题与对策研究》,《农业经济问题》2012 年第 11 期。

愿推动的自上而下的联合。苑鹏对这两种形式的联合进行了探讨,认为联合社的发展道路并不一定要自下而上,关键在于基层社是否存在联合的需求,以及联合社的运行能否坚持独立、自治、民主的合作精神。[①] 各地实践及相关研究亦表明,具有企业家才能的牵头人对于合作组织的产生和良好运行十分重要。因而,联合社的成立既要顺应各合作社的基本需求,同时需要具有领导、协调、管理才能的领袖。不仅如此,具有企业家才能的领导者不仅成为推动联合社成立的关键因素,更为联合社实行更有效的运营管理、达到更可观的运营绩效打下良好基础。河北省灵寿县青同镇农民专业合作社联合社是由县供销社推动成立联合社的典型代表,供销社的参与弥补了联合社内部企业家才能的缺失。联合社成立后,坚持自主经营,在供销社全面的指导和服务下,取得了很好的发展成果。本文试图对该联合社的成立动因、运行机制、经营绩效等问题展开探究,总结其成功经验。

一 农民专业合作社联合的动因分析

(一) 利益一致性是联合社成立的内在动因

按照制度变迁理论,制度创新的动力基础是外部利润(一种在已有制度安排下无法实现的利润,能通过内部环境的改善获得),外部利润的不断累积诱致当事人进行制度创新。[②] 农民专业合作社是农民为应对市场竞争与风险,有效配置资源自发形成的合作经济组织。日益激烈的市场环境要求农民专业合作组织进一步提高经营规模水平和市场竞争力,通过"再合作"组建联合社,无疑是专业合作社做大做强的最佳方式。农民专业合作社再合作,将带来一系列的外部利润,例如,与大型龙头企业相比市场竞争力的增强,区域优势资源更好地整合、共享和利用,地方特色农业产业的规范有序发展,等等。外部利润的存在诱使各当事人积极探索合作社的再联合;而再联合会带来各主体间组织结构和管理制度的变革,从而对

---

① 苑鹏:《农民专业合作社联合社发展的探析——以北京市密云县奶牛合作联社为例》,《中国农村经济》2008 年第 8 期。

② 刘芳、钱忠好、郭忠兴:《外部利润、同意一致性与昆山富民合作社制度创新——昆山富民合作社制度创新的制度经济学解析》,《农业经济问题》2006 年第 12 期。

一系列利益相关者的切身利益产生影响。因此，联合社形成时既要满足各类经济主体对外部利润的追逐，又要在个体理性与集体理性间寻求平衡。按照维克赛尔的观点，当事人之间能否达成一致意见是判断一种组织或制度形式是否具有效率的标准。各利益主体意见一致意味着实现了帕累托改进，意味着得到所有参与人的拥护和支持。[①]

青同镇农民专业合作社联合社的成立是利益各方在对外部利润的共同诉求下达成一致的结果，主要表现为农户、合作社与龙头企业三者之间的利益一致性。一方面，随着农村经济的发展，青同镇农民普遍面临致富门路少、经营规模小、抵御风险能力弱等问题，于是他们自发成立了许多合作社、协会等经济组织。在成立联合社之前，青同镇多数农民合作经济组织经营分散，管理不规范，组织化程度低，缺乏稳定的销售渠道，缺少自主品牌，资金实力不足，不仅无法适应现代农业的发展需要，更在与龙头企业的竞争中处于劣势，迫切需要规范管理与合作，提高市场竞争力。另一方面，当地龙头企业有成立联合社，以低成本获取稳定产品来源的内在需求。当地农业企业与国内外大型企业签订订单后，时常会因自身种植、养殖能力有限或遭遇养殖风险而需要向当地养殖户或专业合作社收购产品。但是在实践中，"公司＋农户"、"公司＋合作社"的经营方式常面临较高的交易成本、双方的不信任或农户违约风险，企业迫切需要一个获取稳定可靠产品供应的新机制。

（二）供销社推动是联合社成立的外在力量

青同镇的农户、合作社与农业企业都有着再联合的内在动机，但是我们未能看到一个自发形成的联合社，主要原因在于企业家才能的缺失。大量研究表明，企业家才能在合作社、联合社成立和成功发展中发挥了巨大作用。然而，青同镇已有的农民专业合作社规模普遍较小，自身发展仍不规范，缺少具有足够实力牵头成立联合社的合作组织；利润导向的企业虽希望通过联合获得稳定的货源，但常因不能得到其他社员的信任或不具有为联合社共同目标奋斗的意愿，无法成为联合社成立的可靠推动力量；而

---

① 刘芳、钱忠好、郭忠兴：《外部利润、同意一致性与昆山富民合作社制度创新——昆山富民合作社制度创新的制度经济学解析》，《农业经济问题》2006 年第 12 期。

政府应是为联合社成立和发展提供支持帮助的服务机构，亦不宜成为推动联合社成立的主体。

在这样的情况下，供销社成为当地直接推动联合社成立和发展的有效主体。因其原本就是经济实体，且具有人力、组织、渠道、技术、品牌优势，并因隶属政府机构而具备"国家信用"，它的参与恰好弥补了联合社内部企业家才能的缺失，为联合社的成立提供了指导、协调等多重服务。联合社成立与发展的实践证明，供销社不仅在联合社成立时发挥了重要的沟通联结作用，更在联合社的后续经营中提供了发展思路、关系调节等方面的服务支撑。当地供销社指导推动成立联合社。一方面是出于当地的实际需要，如农民、合作社、农业企业需要联合的内在需求；另一方面也是重建基层组织、提供组织服务的一次探索。在供销社的推动下，青同镇联合本辖区的农村能人、合作社与农业企业成立了灵寿县青同镇农民专业合作社联合社。在指导联合社经营的过程中，供销社一方面重新搭建起了基础供销体系，另一方面从联合社的经营利润中获取部分品牌和服务收益，提高了自身的盈利能力，与联合社的其他成员实现了共赢。

二 农民专业合作社联合社的运行机制

2011 年，青同镇在镇党委、政府的领导和县供销社的帮助指导下，按照"政府主导、供销社主办、农民主体、专业社自愿"的原则和"五位一体"的组建模式，成立了灵寿县青同镇农民专业合作社联合社。联合社截至 2013 年共有农民专业合作社 25 个，龙头企业 6 个，村"双委"干部 5 人，覆盖农民社员 446 名。

（一）供销社协调与联合社五位一体管理体制

由于青同镇合作社发展还不成熟，组织声誉尚未形成影响，合作社还缺乏独立对联合社进行经营管理的能力，因此亟须外部力量在管理上进行补充。正如上文所言，供销社等公共组织代表着政府信用，同时具有较强的管理协调能力，正是对联合社运营能力不足的有效补充。

首先，在供销社的推动下，将乡镇政府、村两委干部与龙头企业纳入了联合社的管理体制之中，将联合社从单纯合作社之间的联合扩展到五位一体的联合与合作（如图1所示）。这种联合形态比一般的合作社之间的联合更具有组织优势：一方面，政府部门的参与，增强了联合社的公信力，提高了联合社市场谈判的自信度；另一方面，龙头企业与合作社共同构筑联合社，节约了农户与企业的交易费用，也内部化解了合作社与企业的合作风险。

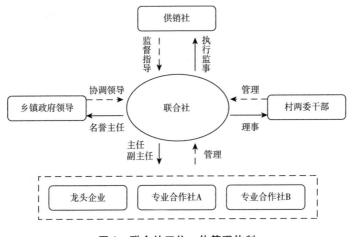

图1 联合社五位一体管理体制

其次，供销社参与组织管理协调工作，形成了以各专业合作社为主体的联合社管理机制。在联合社中，专业合作社推选出的联合社理事会成员负责联合社的主要日常工作。作为联合社的理事会成员，有的合作社负责人还担任联合社的主任（即理事长）或副主任；龙头企业作为联合社的副主任成员参与理事会工作，主要参与联合社的决策活动，但是不负责日常管理活动；村两委干部作为联合社理事，参与日常决策活动，也不负责日常管理；乡镇政府领导担任联合社的名誉主任，负责联合社的协调领导工作，协调、服务联合社参与市场经济活动，为联合社的发展提供便利、创造条件；而供销社则负责联合社的监督指导工作，并由供销社乡镇一级负责人担任联合社的执行监事一职。

从联合社的管理结构与管理职责来看，供销社的参与和推动强化了联合社的组织优势，完善了联合社的组织管理，这也折射出了供销社在参与组建联合社中的优势。

（二）产权构成与分配制度

产权理论告诉我们，多元主体的管理体制只有建立在多方构成的产权基础之上，组织才能有效地发挥作用。在供销社的协调下，村两委干部、龙头企业、供销社及专业合作社共同出资形成了联合社的共有产权制度。联合社成立时，资产总计 400 万元，其中 20% 来自村两委干部等社会能人，50% 来自青同镇本地的 6 个龙头企业，10% 来自县供销社，20% 来自各个专业合作社（如图 2 所示）。这样的产权构成和组织结构形成了由供销社指导，村两委干部参与，依托联合社联系广大专业合作社及农户，企业提供资金和销售服务的综合型供销组织。

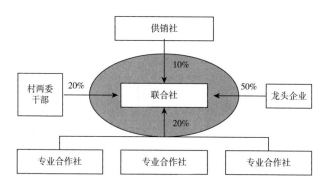

图 2 联合社产权结构

产权结构决定分配制度。联合社制定了如下盈余分配规则：联合社在生产经营中获取的利润，按照各出资方的出资比例进行分配。其中，10% 分配给县级供销社，50% 分配给出资的各龙头企业，20% 分配给以个人形式出资的社会能人，其余 20% 不对专业合作社进行分红，以留存利润的形式作为联合社的项目投资资金，全部用于联合社及供销社指导下各类试点项目的再投资。

（三）联合社的服务功能

联合社在运营过程中，主要对各合作社起指导、协调和服务功能。第一，联合社利用供销社所具有的"国家信用"给予各专业合作社足够的信心，使其更愿意加入联合社，并发挥组织、协调优势，妥善处理联合社各成员间的利益关系，尤其是在土地流转过程中充当调节人的作用。第二，在供销社的指导下，联合社充分发挥计划力、执行力、组织力和公信力，以更广阔的全局意识和整体发展思路，实施大规模试点项目，采取区域整体规划与逐社分析相结合的方式，统筹当地优势资源，促进农牧经济发展。第三，联合社引导地区内同质合作社加强积极合作，并为各生产、销售合作社搭建销售信息平台，各成员社与联合社及联合社内龙头企业之间不存在强制收购协议，只为社员提供多元销售渠道信息，社员可自行选择销售途径（见图3）。除此之外，加入联合社的各合作社和企业的产品，符合相应质量安全标准的，可使用供销社的品牌及销售渠道，以增强合作社产品的市场认同度。

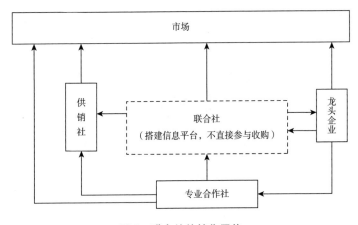

图3　联合社的销售网络

三　农民专业合作社联合社的经营绩效

青同镇农民专业合作社联合社成立以来，按照"合作立社、项目兴社、品牌强社"的发展思路，紧紧围绕当地主导产业和特色产业，充分发挥合作优势，联合打造当地产业基地和产品品牌，带动了全镇农民专业合作社的发展，通过横向一体化与纵向一体化实现了规模经济与范围经济，促进了农民增收致富。

（一）规模经济

传统上，实现更高层次、更大规模的联合，有效应对市场竞争和风险，常被看作农民专业合作社联合社发展的重要贡献。通过成立联合社，不仅实现了区域内同业生产者的联合，更实现了不同地区同类合作社间的跨区域合作，实现了规模经济。

青同镇农民专业合作社联合社成立后，一方面协调引导每个村的同类合作社加强合作，共同面对原料及产品市场。联合社通过供销社网络，组织农资、日用品等经营企业向合作经济组织服务站开展连锁配送，年配送额达 300 万元，大大节约了合作社与农户的生产、生活成本；同时，组织合作社等农副产品经营实体，开辟农副产品进城市、进超市渠道，帮助销售农副产品 800 余吨。这种集中化的方式既解决了农户产品销售难的问题，也提高了市场销售价格，增加了合作社与社员福利。

另一方面，整合供销社、企业及乡村能人的社会资源为成员社提供广阔的社会化服务平台，特别是引入当地龙头企业及农村能人，为联合社的发展提供技术、资金支持。联合社引导成员社开展技术创新、组织培训等，积极为社员提供产前、产中、产后全方位服务，引进新技术 13 项，推广新品种 32 个，举办培训班 16 期，培训经营大户、技术骨干 500 余人次，有力地促进了农村合作经济的发展。另外，联合社还沟通了龙头企业、合作社之间的关系，形成了内部熟人关系借贷网络，为合作社提供了资金支持。

（二）范围经济

与此同时，联合社更通过合理规划利用当地优势组织、资源，实现了范围经济。当两个或多个产品生产线联合在一个企业中生产比把它们独立分散在只生产一种产品的不同企业中更节约时，就存在范围经济。[1] 有学者将农业范围经济的来源归结为农业固定投入在空闲时的有效运用，农业可变成本的互补（即农业生产中可共享、共同购置和统筹使用生产要素），

---

① 张仁华、黎志成、张金隆：《范围经济与纵向一体化》，《管理工程学报》1997 年第 12 期。

人力资产专用性低，信息共享节约交易成本以及农业品牌专用性。① 青同镇农民专业合作社联合社成立后，协调各成员社及成员企业，在生产要素的统筹使用、人力资产的合理分配、信息平台的建设和品牌的使用方面均做出了积极努力并取得了一定成效，在生产成本、市场营销、技术推广、信息共享、抵御风险等方面体现了农业范围经济的优势。

青同镇农民专业合作社联合社实现指导功能，发挥范围经济优势的一个独特而显著的特征是实现了区域内的循环经济。这一特征的实现主要依托学科种植专业合作社实施的生态示范园试点和多个养殖合作社开展的养殖试点。

1. 生态示范园与土地入股

2011 年，联合社在海蛙村的学科种植专业合作社开展了连片示范园试点，规划利用 1000 亩土地形成集约化规模经营。为了能够尽快将规划的 1000 亩土地流转到一起，联合社指导学科种植合作社开展了土地入股试点。土地流转的方式分为以下两种。（1）社员土地入股。这类流转方式约占流转总面积的 60%。具体方式是：1000 亩规划区域内的社员土地入股后，前三年支付每年每亩 500 元的保底收益，三年后根据土地入股的比例参与按股分红。开展试点后，社员不再以资金方式入股，合作社也不再开展原有的供销业务。（2）非社员租赁流转。对 1000 亩规划区域内的非社员土地，采取租赁方式实现流转。2011－2013 年以来的租赁费用分别为每年每亩 800 元、1000 元、1200 元。非社员以租赁形式转出土地后，只享受固定租金收益，不享受合作社的额外分红。在联合社的协调下，合作社已成功流转了计划的全部土地。

土地集中后，由联合社指导合作社统一规划经营，开展高效农业示范基地建设，规模化种植莲藕、蛋白桑、金叶榆树、金枝槐、薄皮核桃、四季果桑、中华寿桃等多种作物，并开展林下柴鸡及鱼塘养殖，形成了农业良种繁育、绿色果蔬采摘、生态养殖、科技示范、休闲养生的农业观光示范园。联合社优先雇用将土地入股合作社的合作社社员，实现了土地入股社员的再就业。

---

① 周镕基、杨丽华、皮修平：《多功能理念引领下农业规模经济与范围经济之实现》，《学术交流》2013 年第 7 期。

2. 养殖合作社、企业与沼气加工试点

2011 年，联合社协调下邵村的 5 个养殖合作社和 1 个养殖企业开展了养殖废料再利用试点。试点资金由联合社提供。5 个养殖合作社的废料和养殖企业产生的养殖粪便全部通过联合社的沼气工厂进行处理。养殖排泄物通过加工设备分离为沼气和沼渣液。沼气收集后通过管道输出至 5 个合作社和养殖企业，解决其发电、取暖问题；沼渣液则通过一系列技术进一步分离为沼液和沼渣，沼液用以生产有机农药，沼渣用于生产有机肥料。这些有机农药和有机肥料将直接用于示范基地的种植生产中。如此一来，联合社既解决了传统农村沼气发电过程中的粪便原料不足问题，也为联合社进一步统筹实现循环经济的目标打下了基础。

3. 联合社引领下的生态农牧循环经济

在上述两类试点的带动作用下，联合社充分利用养殖场粪污资源，实现了沼气和沼渣液的再利用，形成了"养殖—能源—废料—种植—加工"五环产业相结合的互补性生态循环经济（见图 4）。首先，联合社充分利用养殖合作社和企业产生的牲畜粪便，通过沼气工厂进行加工处理，一方面为养殖单位提供了电力能源，另一方面为农业示范园提供了有机农药（沼液）与有机肥料（沼渣）。其次，农业示范园区推广种植蛋白桑，为养殖合作社与企业提供饲料（蛋白桑）。2013 年，农业示范园区示范种植蛋白桑 150 亩，分别在猪、牛、羊、鸡养殖场进行饲喂试验，在节约粮食、代替抗生素、疫病防治、改善肉蛋奶品质等方面取得了良好的效果。与此同时，联合社也在积极开发蛋白桑叶茶项目，进一步拓宽产品用途。

结合循环农业思路，联合社还开展了以下方面的尝试。一是示范推广旱地莲藕种植，促进全镇特色农业的发展。引进了旱地节水沼液种植莲藕的新技术，示范种植莲藕 100 亩，亩产莲藕 3000 公斤，亩效益达万元，弥补了灵寿县无水生蔬菜的空白，受益农户 570 户，预计生产商品莲藕 3800 吨，年产值 1200 万元，户均年收入 2.1 万元。二是推广优质核桃种植，促进全镇林果产业的发展。联合社充分利用沼气工厂生产的沼液与沼渣，代替传统的农药、化肥，实施生态林果产业种植。2012 年在农业庄园试种薄皮核桃 130 亩，2013 年在全镇推广至 3500 亩，辐射带动农户 2300 余户。

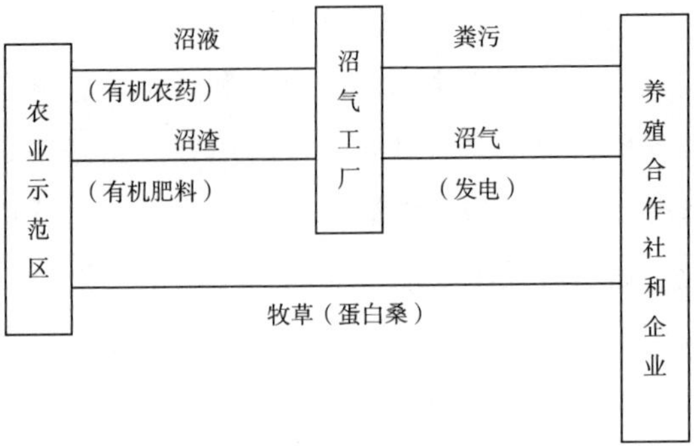

图4 联合社的生态农牧循环经济

青同镇农民专业合作社联合社将区域整体规划与各社特征分析相结合,打造出循环经济的农业生产结构,实现了整体区域内的规模经济和范围经济。这是在当地的发展阶段和条件下,单纯依靠单一合作社、企业或政府力量无法达到的目标。在联合社目标实现的过程中,各农民专业合作社是联合与合作的根本基础,供销社为业务和试点的有效运行提供了重要的指导和服务,企业为规划和项目的实施提供了必要的资金、渠道和技术支持,政府为联合社的发展提供了良好的政策环境和制度保障。联合社有效运营和所取得的规模、范围成效源自各成员间的优势互补,充分体现了联合社的组织优势。

四 结论与启示

青同镇农民专业合作社联合社的成立,是当地农民及农民专业合作社、龙头企业、供销社等利益主体在追求外部利润的共同诉求下达成利益一致的必然结果。在其成立过程中,由于当地合作组织和龙头企业不具备牵头促成进一步合作的企业家才能,供销社发挥了关键的推动作用,成为联合社成立的重要牵头人。联合社成立后,充分协调发挥各类成员的优势,有效利用当地资源,实现了规模经济与范围经济双重经营绩效,实现了联合社各成员的共赢。

青同镇农民专业合作社联合社的成立和发展,给予我们以下几点启示。

第一，成立合作社联合社虽是地方合作组织发展到一定阶段的共同愿望，但其成立往往需要有能力的牵头人领导推动。在一些地区，当地有声望的龙头企业或运营较为成熟的合作社可以充当牵头人的角色；但在区域内其他经营主体不具备这样的条件时，原有的供销体制可以充分利用组织、资源优势，发挥推动作用，本案例即给出了成功经验。

第二，联合社的成立必须坚持以农民专业合作社为基本主体，但不必执着于组建完全由农民专业合作社组成的封闭式联合社。吸纳区域内的其他经营主体，如龙头企业、社区能人或种养大户，建立开放式联合社，可以有效解决传统农民专业合作社联合社在资金、人才、渠道方面面临的制约，实现联合社更高层次的发展。当然，只有始终保持联合社服务于农民专业合作组织发展的最根本目的，才能避免联合社成为少数企业和个人获利的工具。

第三，联合社的职能应突破传统的"几统一"服务，这样不仅可以实现同区域或跨区域的横向联合，成立专业型联合社，也可以充分发挥组织优势，整合区域各方优势资源，发挥规划指导功能，促进区域内循环经济、产业链建设和发展，成为推动当地农业现代化、产业化发展的重要力量。

[本文原载于《青岛农业大学学报》（社会科学版）2014 年第 1 期]

农民专业合作社联合社的
运行机制与实践效果
——以武汉市荆地养蜂专业合作社联合社为例

牛立腾　周　振*

自 2007 年《农民专业合作社法》颁布实施以来，我国农民专业合作社进入快速发展阶段。合作社作为一种联结农户和市场的新型农业经营主体，有效提高了农民的组织化程度，增强了农户进入市场和参与竞争的能力，极大推动了我国现代农业的发展。但是，与其他市场主体例如农业企业相比，农民专业合作社的竞争力依旧有限。特别是随着外部市场竞争的加剧与合作社业务的扩大，农民专业合作社规模小、实力弱、竞争力差的问题日益凸显，成为制约其进一步发展的关键因素。在此背景下，为加强合作社生产、经营、服务能力，实现规模经济、范围经济，提高合作社市场竞争力，推动现代农业进一步发展，农民专业合作社联合社应运而生。

当前，联合社作为我国农民合作组织的一种新生事物，正呈现出自下而上、由点到面不断扩展的发展趋势。根据农业部经管司统计，2013年全国各类联合社已达 6000 多家，涵盖成员专业合作社 84000 多个，带动农户达 560 多万，展现出极强的发展潜力。湖北省武汉市荆地养蜂专业合作社联合社成立于 2011 年 10 月，注册地为武汉市黄陂区，由 15 家专业合作社组成。笔者以该联合社为例进行个案分析，围绕以下问题展开探讨：联合社缘何成立，其运行机制如何，实践效果怎样，显示出了哪些优越性，又存在哪些问题，如何更好地推进合作社实现健康快速发

* 牛立腾，中国人民大学财政与金融学院 2015 级博士生；周振，国家发展和改革委员会产业经济与技术经济研究所。

展，等等。

一 荆地养蜂专业合作社联合社成立的动因

武汉市荆地养蜂专业合作社成立较早，在 2007 年《农民专业合作社法》正式施行的当年，就成立了 4 个养蜂专业合作社，到 2011 年，新成立的合作社总数已增至 15 个。专业合作社虽然在一定程度上使蜂农由以前的"单打独斗"变为"抱团发展"，但仍然没有从根本上摆脱合作社规模小、在市场竞争中处于弱势地位的困境。武汉市荆地养蜂专业合作社成立联合社的原因，主要有以下三个方面。

第一，当地蜂业产业发展的需要。农民依托当地特殊的地理位置和荆花资源优势，发展养蜂产业，至 20 世纪 90 年代武汉市黄陂区已然成为全国十大养蜂基地县（区）之一。虽有产业但无优势，没有市场主动权，当地蜂业产业发展陷入"瓶颈"。走专业合作社联合社之路，就成了产业发展的必然选择。

第二，养蜂专业合作社发展的需要。黄陂区目前的 15 个养蜂专业合作社中，规模较大的有 60～70 户，规模较小的则仅 20 户左右，合作社规模普遍较小。单一合作社力量分散，在抵御自然风险、创建品牌效应、开拓营销市场等方面，存在着难以解决的问题。特别是部分合作社看似规模大，实则缺少统一步调，缺资金办事，缺专人理事，缺信誉干事。因此，众多合作社希望通过合作与联合，走规模经营的道路。

第三，建立和完善新型农业社会化服务体系的需要。黄陂区蜂业协会主要提供的技术培训、市场信息等部分服务，已经不能满足当地蜂业产业发展的需要。而联合社具有自身规模大、实力强、谈判地位高的优势，除了技术、信息服务外，还可以承担起产品加工、市场销售、资金借贷等覆盖产前、产中、产后的全面便捷服务，能够满足当地蜂业产业与养蜂合作社发展的需要。

二 荆地养蜂专业合作社联合社的运行机制

1. 组织结构

荆地养蜂专业合作社联合社在成立伊始，就建立起完善、严谨的组织结构，主要包括股东代表大会、理事会与监事会。股东代表大会：15 个养蜂专业合作社的社员以入股的方式加入联合社，此外凡在黄陂区辖区内从事养蜂的蜂农都可以自愿入股成为联合社的社员。理事会：凡出资入股达 1 万元的蜂农，将成为联合社的理事；出资入股达 3 万元的蜂农，将成为联合社的常务理事。监事会：监事会的组成人员分别由各专业合作社的负责人和蜂业协会的领导人组成。

2. 治理机制

仿照合作社的治理模式，联合社采取典型的"三会治理"模式。股东代表大会、理事会和监事会各司其职，共同治理联合社。股东代表大会是联合社的最高权力机构，决定修订制度、人事任免、工作计划的制订和审议等重大事宜。理事会是成员单位股东代表大会的执行机构，在大会闭会期间领导联合社开展日常工作，对成员单位股东代表大会负责。理事会暂定三年换届。监事会代表全体成员单位和股东监督检查理事会和工作人员的工作，任期三年，可连选连任。

3. 服务范围

服务成员社、社员是联合社的最主要职能。荆地养蜂专业合作社联合社对自身服务范围做出了明确规定。其服务范围涉及产前、产中、产后的各个环节，乃至当地蜂业的产业环境。在产前环节，联合社主要提供组织采购、供应成员单位的生产资料服务。在产中环节，联合社主要提供引进推广新技术、新品种培训，组织技术培训交流，提供信息咨询服务，参与制定、修订行业养殖标准并组织宣传贯彻实施，开展行业检查、监督管理服务。在产后环节，联合社自主或依托合作社经营蜂产品，同等条件下优先采购各成员单位合格的蜂产品，实行优质优价；开展公益性经营服务，包括蜂产品加工服务。此外，荆地养蜂专业合作社联合社还承担资金信贷、维护行业环境、建立行业统计数据库、申请国家相关项目的服务职能。

三　荆地养蜂专业合作社联合社的实践效果

荆地养蜂专业合作社联合社虽然成立时间不长，但凭借其完善、严谨的运行机制与联合社理事会及社员的同心协力，已在资金、加工、销售、技术等诸多方面取得了良好的实践效果，充分体现了联合社的制度优越性。

一是提高蜂农的组织化程度。把规模不算太大的专业合作社联合起来组成联合社，可以说是"小帆船"变成了"大航母"，实现了蜂农在更高层次上的"抱团"。联合社在组织化程度上有如下三大优势。

组织管理较严。蜂业协会人员充当联合社的管理人员、理事长、监事长，监管机制完善，且有章程可依。由可以信赖的人担任理事，按照章程办事，社员放心，理事长可以放手办大事。

发展资金较足。社员以现金入股 98 万元，黄陂区蜂业协会注资入股 10 万元。另外，2012 年经过积极争取，联合社获得武汉市项目扶持资金 20 万元。

协调能力较强。联合社向上可联系国家部委、省直部门，下可对接武汉市及黄陂区主管单位，有诉求可以反映，有问题可以协调，妨碍蜂农利益和蜂业发展的问题可以获得最快、最有效的解决。

二是健全社会化服务体系。联合社通过整合黄陂区蜂业产业资源，优化配置，不仅增强了合作社已有的服务，还增加了合作社无力提供的"新"服务，健全了社会化服务体系职能。相较于合作社，联合社的服务水平有了极大提高，尤其体现在以下三个方面。

增强技术服务。联合社通过开展座谈、交流、学习培训、现场观摩等活动，及时为蜂农提供科技养蜂信息、花期信息、蜂品价格信息，及时处理化解各类矛盾，使蜂农从中提高了水平，增长了见识，少走了弯路，提高了效益。此外，联合社还邀请华中农业大学、武汉大学、福建农业大学、国家蜂业协会和武汉蜂业协会的教授、专家为蜂农做知识讲座。

提供信贷服务。入股联合社的蜂农可以向联合社申请资金，解决贷款资金需求，保障了蜂农的正常生产。联合社向社员提供信贷服务，信贷资金来源于社员的入股金额。只有入股联合社的社员才有资格享有信贷服务。社员向联合社申请贷款，需合作社做信用担保，原则上贷款额度最高不超过 10 万元。成员社向联合社贷款，最高额度不能超过本社社员在联合社的总股金之和。社员贷款实行差别利率服务。倘若贷款用于发展蜂业，则贷款年息为 10%；若用于其他行业，则贷款年息为 12%。

完善产品收购与加工服务。联合社收购蜂农产品，保护了蜂农的利益。2012 年，部分社员蜂蜜产量过剩，无法销售出去。为此，联合社扶助社员，出面以每吨 9300 元（当时市场价为每吨 9200 元）的价格收购了社员 5 吨蜂蜜。为蜂农加工产品，提升了蜂产品的附加值。2012 年，联合社出资 7 万元（资金来源于外部扶持），在黄陂区成立了 4 个蜂蜜加工点，加工蜂蜜共计 4 吨。

三是建设品牌，提高经济效益。为获取更高的经济效益，"抱团"闯市场，打造响亮品牌是关键。与合作社相比，联合社通过整合资源，有足够的实力申请商标、称号，打造响亮品牌，提高市场竞争力。目前已初见成效。

品牌影响扩大。进入市场，唱响品牌，这是单个蜂农难以做到的，然而联合社在实现品牌兴蜂的道路上已迈出了坚实的一步。在联合社的努力下，"黄陂荆蜜"已经获得了"中华人民共和国地理标志保护产品"称号。此外，联合社还获得了国家工商行政管理总局批准的"抿一口"商标，极大地增强了联合社的市场竞争力。

联合社盈利提高。从 2012 年的经营状况来看，在收购、加工、储存及利息等项中，联合社处于盈利状态。2012 年全年利润 13.8 万元。

蜂农收入增加。联合社与合作社或积聚资金集中批量购买蜂具、蜂药、蜂饲料，或只收成本费帮助蜂农精滤加工灌装自产蜂蜜，或集中批量销售农产品，既方便了蜂农，降低了成本，又提高了卖价，增加了收入。此外，年终结算时，联合社按股金 10% 给予社员分红，2012 年分红 9.8 万元。

荆地养蜂专业合作社联合社在取得良好绩效的同时，在实践中也遇到了一些问题，主要有以下三个方面。

一是缺乏对未来发展的制度约定。荆地养蜂专业合作社联合社对现在运行的各个方面都做了详细的制度约定，但对于如何积累和未来发展，以及各自责任权利，缺少必要的设计规划。随着联合社的发展，资产必定会有所积累，特别是无形资产的积累，如技术专利、市场品牌、管理架构、优惠政策等。联合社成员进入或退出时，如何分享权利、履行义务、承担责任，应有一个更明确的制度约定，既可避免利益纠纷带来的内耗，又可通过展望未来增强联合社的凝聚力。

二是缺少公司化运营这一市场主要方式。联合社从本质上看，是市场要素的松散联合体。要在充分市场环境下竞争胜出，没有公司化运营这一市场主要方式，很难在市场上赢得主动。荆地养蜂专业合作社联合社组建之初，有小企业参加，但没有引进农业产业化龙头公司；在运行中，虽有经营行为，但没有注重公司机制和作用，没有按公司化方式运营，赢利少，积累少，一定程度上影响联合社健康快速发展。

三是缺少经营管理人才和日常运营资金。目前联合社由蜂农社员参与管理运营，仅有一个外聘财务管理人员，管理效率不高。对于荆地养蜂专业合作社联合社的规模和业务而言，需要 3~5 名专职经营管理人员，人员的工资支出每年高达 10~15 万元。召开成员代表大会、理事会会议，外出学习观摩，申项申标等活动因缺少资金而无法按制度正常开展。人才和资金短缺，除了组建时过分注重公平分配、忽略积累发展外，也反映出这一新事物的稚嫩赢弱。

四　荆地养蜂专业合作社联合社健康发展的思考

荆地养蜂专业合作社联合社要想发展壮大，维护养蜂合作社与蜂农的利益，承担起促进黄陂区蜂业产业发展的责任，满足新型农业社会化服务体系的需要，就要从理论上进行指导，政策上给予扶持，实践中给予帮助。

第一，健全法律法规，保障联合社的运行与发展。虽然湖北省已经出台了《关于农民专业合作社联社登记管理工作的试行意见》，但一些根本性、实质性的问题并未得到解决。联合社作为一个特殊的社会经济组织如何融入现行法律框架，得到法律的支持和保障，需要当地政府部门制定相应的地方性法律或法规。

第二，加大政府的扶持力度。联合社的发展尚处在起步阶段，需要外部力量的扶持与推动。各级政府应当设立联合社专项扶持资金，支持联合社发展。另外，在土地供应、税收优惠、加工项目、办公场地等方面也应该给予扶持。除了扶财，还要扶智。各级政府一方面要做到防止拔苗助长，另一方面要有前瞻性地指导联合社健康发展。

第三，建立人才培养机制。组织实施好"阳光工程"、"农村实用人才培训工程"等项目，培养联合社、合作社经营管理、技术人才；尝试建立合作社经营管理人员、财务人员从业资格考核制度，使人才制度化、规范化。

第四，鼓励联合社公司化运营。政府部门和协会都承担着服务农户、服务产业的职责，联合社分担着政府部门和协会做不了、做不到、做不好的职责。联合社实际上是以市场方式整合资源服务产业。市场方式的实质是公司化运营。"公司＋合作社＋农户"或"合作社＋公司＋农户"，这两种模式都满足了两个重要条件——市场经济规则和中国农业资源分散现状，是较为理想的联合社模式。所以，在指导联合社发展中，一方面要强调服务职责，另一方面要鼓励公司化运营，突出公司化运营在联合社中的位置和作用。

第五，建立健全内部信贷服务机制。从荆地养蜂专业合作社联合社的案例中，可以看出除了规范的治理机制与政府、协会的大力支持外，联合社的内部信贷服务在推动联合社发展、增强成员凝聚力方面起到了极为重要的作用。这给予我们以启示，即建立健全内部信贷服务机制。联合社通过提供内部信贷服务，一方面可以帮助成员社或社员绕开金融机构借贷壁垒，有效解决其资金需要，促进成员社或社员的进一步发展。另一方面，联合社通过资金借贷获取息金，可以为联合社提供一项新的收入来源，提高联合社资金使用率，促进联合社的发展。与此同时，要重视联合社内部信贷服务的规范问题。首先，要建立严格的资金借贷制度，保证借贷风险在可控范围内。荆地养蜂专业合作社联合社通过成员社担保、理事会审批、政府与协会监督等非正式制度的方式，较为有效地保证了信贷资金的安全性。需要指出的是，仅仅通过非正式制度来确保信贷资金安全并非长久之计，需要政府制定相关政策、规定等正式制度。其次，要确保信贷资金的用途。联合社应有且仅有内部信贷服务职能，需要严格限于联合社内部发展资金的用途，避免成为民间金融机构，甚至非法集资的工具。

（本文原载于《人民论坛》2014年第17期）

联合社的作用远非经济

——以黑龙江省讷河市大豆合作社联合社为例

朱启臻*

目前，我国农民专业合作社还面临着规模偏小、管理不规范等诸多问题。如何有效地克服这些问题，是合作社健康发展的关键。黑龙江省讷河市优质高蛋白大豆种植专业合作社联合社的运行经验，对于进一步思考农民专业联合社的发展，具有多方面的启示作用。

一　实施四项工作机制

讷河市的合作社在 2008 年初获得长足发展，当年合作社数量达到 1623 家。农民因此得到的实惠显而易见，每亩大豆的产量比未参加合作社的农户提高 100 斤左右，而且合作社为成员节省了劳动力、降低了成本，农民参加合作社的积极性空前高涨。但合作社的运行过程并非一帆风顺，也出现了一些问题，主要表现为：一是对接市场难；二是吸引资金难；三是培育品牌难；四是集聚产业难；五是对外协调难。

面对这一现状，2011 年初，在讷河市政府相关部门的协调与帮助下，讷河市组建了优质高蛋白大豆种植专业合作社联合社（以下简称为讷河市联合社）。讷河市联合社由 18 家在讷河市具有代表性的各类种植专业合作社倡议组建而成。这 18 家专业合作社分布在讷河市的 9 个乡镇、66 个村，入社农户达 7560 户。

讷河市联合社坚持"民主管理、共同协商、统一调度、分社运作、规范运行"的原则，组织实施了四项工作机制。

---

* 　朱启臻，中国农业大学人文与发展学院教授、农民问题研究所所长。

1. 民主机制

讷河市联合社坚持把民主选举、民主决策、民主管理、民主监督作为运行的重要原则，把民主机制作为健康发展的根本。在组织机构设立上，完善成员大会、理事会、监事会的各项规程。召开成员大会，推选理事会、监事会，实行一年一次的选举制度。年终董事长向全体成员报告年度经营情况，由全体成员进行经济效益和发展成果评估，根据实际情况确定理事与监事的连任或改选。讷河市联合社下设六个实质性的职能部门，分别是财务部、项目部、农化部、农服部、营销部、稽查部。

2. 规范运作

讷河市联合社各个部门分工明确，各司其职，各负其责。理事会发挥决策功能，在充分论证、广泛参与的基础上保证做出科学的决策；监事会做好监督；各部门、各分社抓好落实。所有部门都有详细的工作程序、章程、制度和职责，作为其行为规范的标准。联合社的宗旨为：对内不以营利为目的，对外以利益最大化为目的。

3. 利润返还

在利润分配上，讷河市联合社实行"三次分配"：初次分配是以每市斤高出市场价 0.05 元向成员返利；二次分配是经营收益的 60% 按农产品交易量返还给成员，40% 联合社留用作为发展资金；三次分配是联合社留用部分的 50% 和营业外收入的 50% 按资金注入量分红给各分社，其余50% 作为联合社自留发展资金。

4. 在经营管理上实行"九统一"

即基地统一模式，经营统一计划，市场统一开拓，资金统一协调，投入品统一采购，包装统一版面，产品统一销售，技术统一指导，农机统一管理和使用。

二 克服了分散弊端

讷河市联合社的组建，降低了生产成本，形成了产业规模，有效克服了合作社分散的弊端，为创建品牌奠定了基础。仅成立一年多，讷河市联合社就取得了不错的成绩，主要体现在以下方面。

1. 生产经营实现规模化、集约化

2011 年 1～2 月，讷河市联合社具体落实各分社规模经营面积，并严

格制定了生产规程，共落实种植基地 18 处，种植高蛋白大豆品种 2 个，总面积 19.68 万亩，总产量 3 万吨，初步实现了规模化生产。

2. 农资团购，农民受益

2011 年初，讷河市联合社举办了农资集中公开采购签约会，通过与 20 多家农资生产企业对接，最终与哈尔滨益农集团、黑龙江万丰达肥业有限公司签订了合同，厂家给讷河市联合社提供专用肥料，使用独有的包装设计，联合社统一发放到分社。讷河市联合社共采购化肥 4000 吨，每吨化肥比市场价节约 600 元，共为农户节约了 240 万元。讷河市联合社用种总量为 984 吨，其中合作社自繁种子 630 吨，外采 354 吨。市场销售高蛋白大豆种子最低价每斤 2.80 元，讷河市联合社团购价每斤 2.30 元，每斤种子节约 0.50 元，共节约 35.4 万元。仅此两项就为成员节约了 275.4 万元。

3. 提高生产的科技含量

讷河市联合社与东北农业大学、中国农科院等科研院所建立了技术合作关系，邀请专家团队指导高蛋白大豆田间种植，全程跟踪提供技术服务，定期开展技术培训。讷河市联合社在专家团队的指导下开辟了 4 块试验田（每块 100 亩），进行良种繁育提纯复壮；建设了 2 个高产栽培核心园区，2 个 IP 大豆实验公关园区，为进一步提高农业生产水平打下了良好基础。

4. 实施品牌战略

2011 年 6 月，讷河市联合社在工商部门注册了绿色高蛋白大豆商标"十八嘉"，并利用黑龙江农合网，开辟了高蛋白大豆的独立网站，介绍种植品种、执行标准等相关知识。讷河市联合社还积极开展网络宣传，专门在人民网、中国农合网的头版头条，对讷河市高蛋白大豆进行了重点宣传，引起了社会的广泛关注。

5. 解决合作社融资难问题

讷河市联合社与龙江银行建立了深层次的合作关系，采取联合社担保的方式，实行全年总量控制、动态管理发放，为合作社在生产经营各个环节提供信贷服务，使每户成员获得了 20 万元的信贷授信，2011 年累计贷款 2000 余万元。经黑龙江省银监局批复，由讷河市联合社各分社成员自愿入股组成新农合农村资金互助社，自筹资金 1178 万元，银行按照 1:4 比例给予低息贷款，解决了合作社面临的资金问题。

6. 开拓销售市场

讷河市联合社分别组织人员到四川、福建、重庆、上海、浙江、山西、陕西等省市的高蛋白大豆主销区，调研市场，对接农产品深加工企业，并在四川省成都市新都粮食市场成立了讷河市联合社南方分公司，重点负责开发西南市场。

三 作用不止在经济方面

讷河市联合社成立的时间虽然不是很长，但其取得的成绩却值得肯定，其运行经验为联合社的进一步发展带来了几点启示。

1. 联合社与提高农民组织化程度

分散的合作社与分散的小农户并无本质的区别，这是农民对合作社缺乏参与热情的原因，也是诸多小合作社有名无实的原因。合作社必须走联合的道路，因此，讷河市出台了《加快发展农民专业合作社工作意见》，推动合作社之间进行多领域、多方式的联合与合作，以促进合作社走向联合，有效形成了规模优势，加快了主导产业的培育与壮大。只有把诸多合作社联合起来，形成规模大、覆盖农户范围广的联合社，合作社才能获得谈判地位，讷河市联合社达到了这样的规模。因此，合作社的发展要克服片面追求数量的问题，要重视规模和对农户的覆盖面。联合社最好以县为单位，每个县设一个联合社，这样可以适应合作社走向联合的趋势，最大限度地把农民联合起来，提高其组织程度。

2. 联合社的纵向发展与横向联合

讷河市联合社有效解决了小生产与大市场的矛盾，改变了小农户与大企业不对等的经营状况，促进了横向一体化规模化经济和纵向一体化产业经济的发展，成为引领农村经济发展的重要组织形式。横向一体化不仅实现了数千户分散农户的联合，而且实现了与金融机构的对接，推动了资金互助，解决了发展资金短缺的问题。纵向一体化产业经济的发展体现为：一是与农资企业对接，化肥企业专门为其生产质高价廉的专用肥料；二是与销售市场对接，开辟了高蛋白大豆独立网站，打造了自己的品牌，并成立了讷河市联合社南方分公司，开拓了西南市场；三是与加工企业对接，为提高原粮的附加值和农产品商品率以及促进产业链条向纵深发展，讷河市联合社积极引进高蛋白大豆精深加工企业，实行社企合资合作。通过横向与纵向的联合与合作，极大地拓展了联合社的发展空间。

3. 联合社的"综合性"

联合社不再局限于同类农产品生产者的联合，无论是合作社的成员构成还是服务内容都体现出了多元性和综合性。首先，联合社成员构成具有多元性。农户有种植大豆的，也有种植玉米的，一个农户可能今年种大豆，明年种玉米，还可能同时种植水稻。要求农民按照种植内容参加不同的合作社或频繁更换合作社既不现实，也无必要。联合社以地域为单位，统筹该区域内所有类型的专业合作社，其成员必然呈现出多样性特征。其次，联合社表现出服务的综合性。与服务对象的多样性相适应，其服务内容必然是综合性的。既包括多种种植业的生产服务，也包括养殖业的生产服务；既包括销售服务，也包括金融服务；既有技术推广服务，也有成员的生活服务。总之，联合社的服务内容根据合作社及其成员的要求而确定。

4. 合理结构与民主管理

其一，联合社的构成突出了资源的异质性。首先组成人员要有各方面的人才，既有生产者，又有销售者，还需要有高水平的管理者。如讷河市联合社的董事长是黑龙江农合网的总经理，善于营销和宣传；讷河市联合社的理事会也是由农民推选的各方面能人构成。在合作内容上必须突破单纯生产者的联合，要与销售者、加工单位、金融信用机构进行广泛合作，赋予联合社更广泛的职能。其二，要有合理的组织结构。联合社的结构根据具体业务需要合理设置，如讷河市联合社设有财务部、项目部、农化部、农服部、营销部、稽查部。其三，坚持民主管理。讷河市联合社先后完善了合作社的法人管理结构、民主决策机制、利益分配机制、资产管理机制和财务管理制度等。如在财务上建立了8本账，正确使用37个会计科目，及时填报5个财务报表，准确记录生产经营过程中发生的各项费用和成本，严格执行10项财务制度，定期公开财务运行情况，等等。以上管理制度既保障了合作社有序、规范地运行，也保障了合作社成员的利益。

5. 政府的支持与帮助

合作社的发展离不开政府的引导、扶持和规范。在发展初期，讷河市政府就十分重视当地合作社的建设，在合作社发展的初期就成立了由当地市、乡镇和各个相关部门主要负责人组成的"讷河市农民专业合作社领导小组"，制订了合作社发展规划，形成了相关部门联席会议制度，及时解决合作社发展中出现的问题。在合作社运行过程中，领导小组首先坚持示范引导的原则，宣传、支持农户在自愿基础上形成合作社，注意培育典型，使讷河市的合作社在数量上得到较快增长。其次，坚持适度规范的原则，不断完善合作社的决策、管理、分配、监督机制，并使其制度化。讷河市政府对合作社采取了"先长头发后理发"的发展策略。过度规范很可能把一些合作社扼杀于摇篮中，不利于农民合作意识的培养。按照在发展中规范的思路，分步骤、逐环节、有重点地对合作社的经营管理进行规范。对民主管理好、服务能力强、产品质量优、社会反响好的合作社进行表彰，树立典型，组织申报星级社，在政策、资金、资源上给予更多的支持。再次，坚持积极扶持的原则。讷河市整合各种资源，集中扶持、优先发展重点产业合作社，不仅加强项目、资金等硬件支持，而且加强了技术、管理、营销等能力建设方面的扶持。讷河市在人才培训、农产品品牌建设、营造合作社发展舆论氛围、促进合作社与国有农场共建等方面发挥了重要作用，为联合社的成长创造了良好的政策环境。

从讷河市合作社联合社的发展来看，联合社发挥的作用将远远不止合作社经营和农户经济利益的实现方面，联合社的运行不仅对农业产业链条的延伸和农业资源的整合发挥重要作用，同时也会对整个社会结构产生影响，如乡镇以及村的经济职能可能会转移到联合社，村委会与合作社的关系、乡镇与合作社的关系等均需要重新定位。

（本文原载于《中国农民合作社》2012 年第 4 期）

第二部分　联合社法律规制的基本问题

农民专业合作社联合社法律制度探析

林　滢　任大鹏*

一　研究农民专业合作社联合社法律制度的必要性

随着农民专业合作社数量的不断增长和规模的不断扩大，农民专业合作社联合社或联合会也在不断涌现。目前存在的大多数联合社没有经过登记注册，但也有部分地区通过地方法规或地方政府规章的形式，给农民专业合作社联合社搭建了登记注册的平台，如浙江省有众多市、县经农业主管部门批准，民政部门登记，成立了农民专业合作社联合会。现实中不断增加的农民专业合作社联合社所引发的关于联合社的法律地位、与基层社关系、联合社的财产权利和市场交易主体资格等问题都亟待法律予以明确。

我国《农民专业合作社法》赋予了农民专业合作社独立的市场经济主体地位，承认其法人资格。但是，整部法律中未涉及农民专业合作社进一步联合的相关规定，未出现"农民专业合作社联合社"的相应条款。

我国出现的农民专业合作社联合社可以分为两种主要类型：一是作为社会团体而存在的联合社，其主要特点是不进行与市场经营有关的各类活动；二是作为一类市场主体而存在的联合社，其设立的主要目的就是通过合作社之间的联合，增强市场竞争力。

根据我国现行法律制度，农民专业合作社联合社仅在符合社会团体设立条件，且按照《社会团体登记条例》的规定进行登记的情形下具有法人

---

*　林滢，中国长城工业集团工作人员；任大鹏，中国农业大学人文与发展学院教授、农业与农村法制研究中心主任。

地位。但是，社会团体法人不得从事营利性经营活动，而现实中许多农民专业合作社联合社的设立正是为了成为独立的市场经营主体，开展营利性活动，参与市场竞争。大量的地方立法实践和先例由于缺乏法律依据，总体来看仍难以满足此类联合社的制度需求。从维护市场秩序和交易安全的角度出发，在农民专业合作社联合社的财产制度、责任制度和治理结构等方面进行规范，搭建适合市场主体类联合社发展的制度平台已成为当务之急。

二 市场主体类联合社的法律人格独立性探讨

我国《民法通则》第 37 条规定："法人应当具备下列条件：（一）依法成立；（二）有必要的财产或者经费；（三）有自己的名称、组织机构和场所；（四）能够独立承担民事责任。"其中值得关注的主要集中在必要的财产或者经费以及独立承担民事责任的能力两方面。因此，笔者将重点分析农民专业合作社联合社的财产制度、责任制度和治理结构，对其法律人格独立性进行探讨。

拥有必要的财产或者经费对于法人来说尤为重要，是其享有民事权利和承担民事义务的物质基础，也是其独立承担民事责任的重要保障。可以说，必要的财产或者经费是法人设立的核心条件。当前，农民专业合作社联合社的财产构成存在以下几种类型：第一，由其成员，即参与联合社的农民专业合作社（以下简称"基层社"），以缴纳会费的方式出资组成；第二，通过募集设立的方式由基层社参股；第三，以政府财政支持资金作为联合社的财产来源。当然，还有一些联合社仅有一个"空架子"而没有独立的财产。

对于基层社缴纳会费或入股作为联合社财产的模式，需要考察基层社出资的性质。按照《农民专业合作社法》的规定，合作社的财产来源于成员出资、公积金、国家财政直接补助、他人捐赠和其他资产，合作社对这些资产享有占有、使用、处分的权利，即合作社享有支配权，成员对合作社财产享有终极所有权，合作社的财产支配权以全体成员的意志为基础，以合作社自己的名义独立行使。因此，在基层社向联合社出资的过程中，如果基层社将对该部分财产的支配权完全转移给联合社，即联合社对基层社所缴纳财产具有独立支配能力时，这部分财产可以认定为联合社所享有的财产。反之，基层社未转移财产支配权时，该部分财产不可被认定为联合社的财产。联合社财产的终极所有权仍然属于出资的基层社的成员，即加入基层农民专业合作社的公民和法人。而对于将政府财政支持资金作为联合社财产来源的模式，则需要考虑资金的可使用范围，尤其是资金能否在联合社清算时进行偿债，是联合社对资金是否享有独立支配权的重要标志。

农民专业合作社联合社是否具有独立的民事责任能力，也是其享有独立法人资格的重要条件。在联合社能够对特定的资本享有独立支配权的前提下，其债权人可以通过联合社的自有资本实现债权，基层社仅以对联合社的出资为限对联合社承担责任。在这种情形下，农民专业合作社联合社具有独立的民事责任能力，享有独立的法人资格。反之，在联合社没有可独立支配的资本，其责任需要由基层社进行分担时，即联合社的债权人可以越过联合社而直接将债务追及交易对象的成员——基层社，这种情形下联合社没有独立承担民事责任的能力。由此可以认为，基层社直接向债权人承担责任是对联合社独立法律人格的否认。

法人的意思能力在于脱离了个别自然人的团体意思，团体意思是法人具有独立人格的标志之一。《农民专业合作社法》对于合作社的权力机关进行了规定，即通过成员大会或成员代表大会行使决策权。对于农民专业合作社联合社而言，其独立法律人格的标志体现在脱离个别基层社的团体意思，这种团体意思应当通过联合社的成员大会或成员代表大会进行表达。在联合社的治理中，需要注重基层社的意志，基层社在联合社中的权利义务是基于其联合社成员的身份而非资本，因此联合社应当将表决权平等地赋予每一个基层社，即实行一人一票的民主制度。按照简单多数或者绝对多数的规则议事，可以凸显联合社作为基层社自愿联合的经济组织体的个性，同时也是联合社独立法律人格的体现。

三 农民专业合作社联合社法律制度的思考

基于农民专业合作社联合社的快速发展和现行法律制度的缺失，笔者认为，赋予联合社独立的法人资格并给予相应的制度规范刻不容缓。

　　首先，对于不同类别的联合社应当进行区分，避免出现市场交易主体的混淆。社会团体性质的联合社可以登记为"农民专业合作社联合会"，而市场主体性质的联合社则可以登记为"农民专业合作社联合社"。通过名称上的区别，使交易相对人能够有效识别该联合社是否具有市场主体资格，也有利于对两类联合社分别进行监管。

　　其次，应当有条件地承认农民专业合作社联合社的独立法人资格。根据法人成立的条件，在联合社满足拥有独立的必要财产或者经费，并且能够以自己的名义独立承担民事责任，同时符合法人成立的其他要件的前提下，应当承认其独立法人资格。对于联合社法人资格的赋予，建议通过修改完善《农民专业合作社法》的方式进行规定。

　　再次，必须明确农民专业合作社联合社法人的设立，不能影响基层社的法律人格。在联合社的财产制度和责任制度的设立上，应当特别注意与基层社进行区分。联合社与基层社在财产关系上应有明确的分割，基层社仅应当在出资范围内对联合社承担有限责任。联合社的债权人只能追及联合社所拥有独立支配权的财产，而不能追及基层社的财产。农民专业合作社的设立本身就是为了向成员提供服务，而合作社之间的联合正是希望增强市场竞争力、扩大产业经营规模，更好地服务于各基层社的社员。如果这种联合影响到基层社的法律人格，将不利于保护农民利益。

　　最后，对于联合社的设立，应采用较农民专业合作社更为严格的方式。对于农民专业合作社的设立，《农民专业合作社法》采取了准则设立主义。在这种设立模式下，法律预先规定法人成立的条件，设立人一旦符合法人的成立条件，无须经过主管部门批准，就可以直接到登记机关办理登记，法人即可成立。而对于联合社的设立，建议采取许可设立主义，首先须经主管部门或有关审批机关批准，然后才能向登记机关申请登记。对联合社采用更为严格的设立模式，既有利于保护农民专业合作社成员的利益，也有利于维护市场交易安全。

（本文原载于《农村经营管理》2010 年第 5 期）

农民专业合作社联合社的设立

尹腾腾*

由于在设立方面缺少统一规范，大多数联合社在设立时表现出很大的随意性，有的由农民自发组建，有的由基层政府、企业或其他经济实体领办。实践中一些联合社或向公司化倾斜，或向行政化、半行政化靠拢，广大社员的监督权和知情权得不到有效落实，因此规范联合社的设立问题非常重要。

一　农民专业合作社联合社的设立原则

（一）合作社设立原则的国际考察

合作社的设立原则是指合作社设立的基本方式，不同的设立原则体现了政府对其设立的不同干预程度。

从法人设立的原则来看，主要分为以下几种。

1. 自由设立主义

即法人的设立完全由当事人自由决定，国家不加以任何限制。"从罗马社会到中世纪，商业社团是依事实而存在，而不是依法创设，成立商事社团既无法定条件限制，也无注册登记程序。这一原则在欧洲中世纪末自由贸易时代颇为盛行，当时的商事公司刚刚兴起，便采用了这一原则。"[1]"但因这一原则有碍交易安全，近代以来，除瑞士民法对于非营利法人仍采用此主义外，已不多见。"[2]

---

* 尹腾腾，安徽财经大学法学院 2012 届硕士研究生。

① 赵旭东：《公司法学》，高等教育出版社，2003，第 93～94 页。
② 王利明：《民法》，中国人民大学出版社，2002，第 81 页。

2. 特许设立主义

指其设立需要经过专门的法令或国家元首的特殊许可。这一设立原则体现了国王和议会的权威，起源于中世纪后期，并一直盛行至近代工业社会。从主要国家法人设立的原则来看，目前这种设立原则的使用范围非常狭小，主要适用于国家机关法人及事业单位法人的设立。

3. 许可设立主义

这是一种最为严格的设立方式，在这种模式下，法人设立时除了要符合相关法律规定的条件外，还要经过主管部门的批准，才能向登记机关申请登记。"1673 年法国路易十四颁布商事敕令创始该制度。从当今各国立法来看，许可设立主义原则主要用于公益社团法人与财团法人的设立，因这些法人对于公众利益关系重大，有必要加以严密监督与控制。"①

4. 准则主义

即法律预先规定其成立的条件，只要符合这一条件就可以直接到登记机关办理登记，无须经过主管部门的批准，法人即可成立。英国公司法于1986 年首先采用此原则，取得了不错的效果，19 世纪以来许多国家开始陆续效仿。准则设立主义的优点在于法人设立较为便利，在一定程度上适应了市场经济的快速节奏。但近年来这一原则的弊端日益凸显出来，即在法律对法人设立的必要条件规定不详细、不严谨的情况下，这种法人的设立原则容易产生法律漏洞，不利于对市场秩序和交易安全的维护。

5. 严格准则主义

为了克服准则设立主义的弊端，严格准则设立主义应运而生，它在采用准则主义的基础上，对法人设立的必要条件和发起人的责任进行了明文规定。此外，还规定经登记机关登记是法人成立的必经程序。目前，这一原则受到多数国家的采用，成为合作社设立原则的主要方式。

当前世界各国合作社的设立原则不尽相同。丹麦是为数不多的对合作社采用自由设立主义的国家。"丹麦政府没有出台专门的合作社法，在丹麦合作社的设立完全由社员自主决定，国家不加干预。"② 在法国、比利时

---

① 徐小平：《中国现代农业合作社法律制度研究》，博士学位论文，西南政法大学，2007，第 31 页。
② 呼和：《我国农业合作社法律制度研究》，硕士学位论文，西南交通大学，2009，第 70～79 页。

等合作社法附属于商法的国家，合作社与公司享有同等待遇。法国对于合作社的设立原则经历了一个变革，关于合作社的设立原则，其最初采用的是许可设立主义，随着时代的变化而转变为严格准则设立主义原则。德国和奥地利的合作社法都规定合作社的设立采用严格准则设立主义，其中德国合作社法中明文规定合作社的设立可以适用本国商法中关于公司设立的有关规定。"英国合作社的设立采用严格准则设立主义原则，且无需行政部门许可。"① "日本农业合作社的设立采用许可主义原则，但是设立许可只是设立前多一道行政手续而已，仍需办理设立登记，方能取得法人资格。我国台湾合作社的设立与日本相似。"② 总之，"目前特许设立主义设立合作社已退出历史舞台，许可设立主义原则也被局限在很小的范围内"③，仅有少数国家实行自由设立主义，大多数国家在合作社的设立原则方面选择严格准则设立主义。

（二）我国农民专业合作社联合社设立原则的选择

按照我国《民法通则》的划分标准，具有法人资格的社会组织依其组织属性可分为机关法人、企业法人、事业法人和社会团体法人。不同类型的法人在设立原则上存在较大差异，具体归纳如下。其一，机关法人的设立，通常采取特许设立主义原则。其二，企业法人又细分为公司法人和非公司企业法人。其中有限责任公司采取严格准则设立主义，而股份有限公司采取许可设立主义；非公司企业法人的设立原则以《企业法人登记管理条例》及《企业法人登记管理条例实施细则》等为依据，其中，对于有主管部门或者审批机关的非公司企业法人采取许可设立主义原则，反之采取严格准则设立主义原则。其三，事业单位法人的设立，采用国际普遍适用的特许设立主义原则。其四，社会团体法人的设立有两种情况：有的需要根据国家法律或者行政命令规定，采取特许设立主义，如工会、团组织、妇联等；有的需要经过主管部门审查同意，采取许可设立主义原则，如各

① 呼和：《我国农业合作社法律制度研究》，硕士学位论文，西南交通大学，2009，第70～79页。
② 李锡勋：《合作社法论》，三民书局，1992，第70～72页。
③ 呼和：《我国农业合作社法律制度研究》，硕士学位论文，西南交通大学，2009，第50页。

种协会、商会等。

由此可见，对农民专业合作社联合社法人属性的定位，关系到对其设立原则的判断。上文在分析联合社的法人属性时已经明确其为合作社法人，合作经济组织是一个社员自愿组建、自治的组织。通过对合作社设立原则的国际考察我们可以看到：由于自由主义的随意性太大，容易损害交易安全，既不利于监督也不利于合作社、联合社的发展，所以只有少数国家采用这种设立主义；而特许设立主义和许可主义则容易造成国家的过多干预。我国很多农民专业合作社联合社是在政府的推动下组建的，因此为了避免政府的过度干预，不宜采用特许主义和许可主义。目前我国《农民专业合作社法》规定农民专业合作社的设立采用准则主义。而农民专业合作社联合社是农民专业合作社在自愿的基础上根据其发展需要共同出资组建的一种互助性经济组织，其实质仍属于合作社的范畴。因此笔者认为，对联合社的设立采用准则主义既有法理依据，也符合我国的国情。

二　农民专业合作社联合社的设立条件

（一）社员和发起人资格

在合作经济发展的 100 多年里，社员资格开放原则一直是各国合作经济运动奉行的不变原则。社员资格开放原则是指任何社员只要承认联合社的章程，履行联合社规定的权利和义务，都可以自由地加入联合社，不受任何歧视和差别待遇。但随着合作经济的发展，社员资格开放原则的弊端也日趋明显，这一原则容易导致合作经济被资本雄厚的大农户、大企业、大公司控制，从而使合作经济的性质发生改变。因此，对联合社社员及发起人资格进行适当的限制是十分有必要的。

1. 社员资格

农民专业合作社联合社在本质上是农民为了提高自己的社会地位，增强市场竞争力而组建的一种互助性合作经济组织，它以为全体社员谋取共同利益为宗旨。所以在成员构成上要以农民专业合作社为主体，而且这些成员社要与联合社存在实际的交易关系。对成员社的具体要求如下。

首先，联合社的成员社必须设立在一年以上，联合社主要由提供同类产品或服务的基层社构成，同时为了适应市场经济的发展可以适当吸纳上下游产业链条上的企业、公司加入，但在其成员的构成比例上，农民专业合作社应不低于80%。其次，成员社应有符合我国《农民专业合作社法》规定的章程、成员出资和组织机构。

2. 发起人资格

从各国对合作社及联合社发起人的要求来看，通常必须是农业生产经营者，"一般分为两类：一是从事农业生产经营的任何自然人、组织都有资格成为农业合作社的社员，比如在美国，农场主、种植者、牧养者、奶品生产者、水果或者坚果生产者等均有资格成为农业合作社社员。"二是只有从事农业生产的农民（自然人）才能成为农业合作社社员。

由于我国农业经济的落后性和农民群众认识的局限性，依靠其自发组建联合社存在一定的困难，发展联合社需要外部力量来推动。所以应当允许其他能带动农业产业化经营的个人、企业、公司和其他组织作为发起人，以引导和推动农民组建联合社。但对发起人应有两点限制，即发起人中从事直接农业生产的农民应占多数，比例不低于80%，具有公共管理职能的单位不能成为设立人。之所以将具有公共管理职能的单位排除在发起人的范围之外，是为了避免政府的不当干预，防止联合社向行政化转变。关于发起人最低人数这一问题，要根据我国的社会经济条件来确定。目前我国农村经济发展落后，农民专业合作社联合社的发展规模普遍较小，且区域差异较大，从现阶段的发展形势来看，可以确定5个基层合作社是最低发起人人数。在实践中有些国家对组建农民专业合作社联合社设定了人数上限，对此我国不能盲目效仿。对发起人人数上限的规定违背了国际公认的合作社原则，限制了农民专业合作社联合社的发展，不利于合作事业的壮大，是极为不可取的。

（二）设立程序与登记

1. 设立程序

关于联合社的设立方式，国际通行的方式有两种：发起设立和募集设立。具体方式由发起人自由选择，国家不预干涉。由于我国农民专业合作社联合社的发展尚处于起步阶段，规模较小，运营资本总额相对较小，发起设立方式的程序比募集方式较为简捷，而且设立成本也较低，因此，笔者认为采用发起设立方式更为合理。发起设立的程序主要包括：

（1）发起人筹备

发起人制定章程草案和经营计划书，确定联合社的形式、目标和经营范围，发布章程草案，决定召开设立大会的时间和地点。

（2）召开设立大会

由全体设立人参加设立大会，其职权主要有：①批准通过联合社的章程，在设立大会上章程草案可以被修改，但社员范围和社员资格的规定不能变更。②选举产生理事会、监事会和其他成员。③批准正式的社员名单及审议其他重大事项。④签订书面申请文件，申请设立农民专业合作社联合社。

2. 登记

"在设立大会闭会后，应由理事会以联合社的名义向登记部门申请登记。"农民专业合作社联合社应在设立大会闭会后 90 天内完成设立登记。并提交以下文件：设立报告、发起人名单、章程、选举产生的理事会和监事会成员名单、营业计划等。

根据地域管辖原则，农民专业合作社联合社应由所在地的各县（自治区、直辖市）工商局（分局）负责注册登记和日常监管。登记内容必须全面详细，真实反映农民专业合作社联合社的运行规制与现状。登记事项主要包括：名称，业务，股金缴纳方式及社员认购股份清单，社员资格及入社、退社、除名之规定，盈余分配规定等。有关部门在对登记资料进行审查时要重点突出对成员社的法人营业执照的审查，同时审查成员社的行业类别是否相同或相近。

三 "入社自愿、退社自由"原则的坚守与创新

自罗虚代尔公平先锋社以来，"入社自愿，退社自由"一直是合作社坚持的一项原则，但是，在犹如百舸竞流不进则退的激烈市场竞争面前，该原则往往与合作社持续稳定的经营需求发生冲突，造成合作社经营的大起大落。由于社员既是联合社经营主体的组成部分，又是各自独立的联产承包经营户，社员与联合社在形成利益共同体的同时，也有着自己独立的利益。与一般企业和出

资人之间的关系不同，在联合社按农户交易量或惠顾额分配利润，股金分红比例很小或是基本不获分配时，数量微小的股金作为连接社员与合作社之间权利义务关系的纽带，其作用对社员来说已经不再重要。"入社自愿、退社自由"原则虚化了股金对社员的约束和激励作用，为农户自由出入合作社打开了方便之门，联合社变成了一些农户随意搭乘的"便车"，股金变异为没有任何风险的"搭车"凭证（因为社员退社时退还股金）。社员加入联合社与否，不取决于股金投资收益，而取决于股金投资所带来的利用联合社的机会，当联合社能给其带来利益时社员一拥而上，反之纷纷退社。这势必影响联合社的发展和壮大，还会动摇联合社在对外经济交往中的信誉基础，甚至危及联合社的企业法人地位。因此，适当限制退社自由是十分必要的。

新一代合作社在稳定合作社资本方面做出了创新。新一代合作社为保持生产经营所需资金和初级农产品（加工原料）来源的稳定，在制度设计上，采取封闭式公司（close corporation）的做法，实行封闭成员制（closed membership），限制社员随意退社，允许社员转让股金但不允许抽回，有效地化解了传统合作社由于社员自由进出所造成的股本金和交易量的波动，为合作社持续稳定地经营创造了条件。

我国农民专业合作社联合社应借鉴新一代合作社的做法，在不违背合作经济原则的前提下，对入社和退社进行适当的约束。首先，适度提高社员的入社股金标准和股金分红比例，以增强合作社的凝聚力。其次，"应明确社员入社条件，这些条件主要包括申请者的经济条件、生产能力以及个人信誉度。"再次，为避免联合社被某些社员独占，还应对社员购买股金的数量进行限制。最后，适当限制社员的退社自由，允许社员转让股份但不得抽回股金，以维护联合社经营的稳定。

（本文为安徽财经大学 2012 届硕士学位论文《农民专业合作社联合社立法若干问题研究》第二章，收入本书时略有修改）

农民合作社联合社法律地位与法律关系浅探

蔡晓琪[*]

一 我国农民合作社联合社的发展阻力及其原因

目前，我国绝大多数的农民合作社只能提供农业技术和信息等一般性服务，最多也就对农产品进行包装或浅加工，而能够创办合作社进行农产品深加工的联合社也不多见。合作社本身发展不够强大，联合起来的强大效果也不明显，难以凸显出合作社相互联合后的制度优越性。农民专业合作社联合社是一种松散型的结构，能够真正实现与市场需要和利益紧密连接的合作社还是十分稀少。然而，发达国家的农民专业合作组织能够为本地区或相邻地区的农场或个体农户提供包括采购、运输、加工及销售等一条龙服务，甚至还能提供信贷和存款等金融服务，此种高层次的联合就能够最大限度地发挥出联合社的制度优越性。

目前国内绝大部分联合社的内部管理及运营都是"摸着石头过河"，基本都存在着运营章程不规范、民主管理和决策机制不健全、利益分配机制不明晰、经营管理混乱、管理人员素质不高等一系列问题。国内只有部分联合社组建了完整的内部管理机构并为之制定了相关章程。北京市密云县奶牛合作联社就是一个成功的范例。奶牛合作联社成立后，按照民主选举方式，由县经管站监督，经过两次选举最终产生了新一届的理事会。奶牛合作联社草拟了章程，并召开三次全体社员大会，讨论修改章程。全体社员大会对章程草案逐条讨论，并重点讨论了市场开拓、奶牛保险等基层社关心的问题，这使得联合社内部管理分工明确，并获得成功。可见联合

* 蔡晓琪，华南农业大学人文与法学学院农业科技组织与服务专业 2013 级硕士研究生。

社内部管理及运营的缺乏极大地制约了联合社的发展。

无论是联合层次偏低，还是内部管理机构及运营方式缺失，联合社法律地位的缺失是其根本原因。尽管 2007 年出台的《农民专业合作社法》明确了农民专业合作社的法律地位，但是《农民专业合作社法》并没有涉及联合社的相关问题，联合社的法律地位仍不明晰，其性质也尚不明确。因而，联合社在登记以及交易过程中会面临许多的法律问题，这不仅严重制约了联合社的发展，也影响了合作社进行联合的决心和信心。

针对此情况，部分地方政府出台了相应的规章和条例，截至 2010 年 11 月，北京、湖南、江苏、黑龙江、辽宁、四川等 6 省份出台的《农民专业合作社法》配套法规都对农民专业合作社成立联合社进行了明确规定，并已在当地实施。截至 2015 年全国已有不少省份的合作社可依法成立联合社，但从总体上说，各省市政府出台的有关联合社的规章条例较为凌乱，而且对是否通过法规形式来赋予联合社法律地位仍存在着不少的差异和分歧，仍未能就联合社的法律地位达成普遍和合理的共识，这使得联合社的建立及发展缺乏强有力的法制保障。

二 我国农民合作社联合社的立法现状

目前在我国现行法律体系中，仍没有统一的法律或法规对联合社的法律地位及其法律关系进行确认和界定。如果要明晰联合社的法律地位，就必须先对联合社的概念及其特征做出清晰的界定，并厘清我国联合社的全国性与地方性立法现状。

（一）农民合作社联合社的概念

联合社在我国合作经济领域中尚属新事物，国内对联合社的理论研究有限。国内较早关注和研究联合社的苑鹏将联合社定义为"合作社发展到一定阶段的产物"。更进一步讲，农民专业合作社联合组织是指以农民专业合作组织为法人团体成员，遵循合作社自愿、民主、互助的基本原则，以服务全体成员共同需求为目标，自发组建的互助性的联合组织。

从定义出发，苑鹏先生总结出联合社的两种不同的组织形式：一种是社团性质的联合组织，即自身不对外开展营利性的经营业务；另一种是企业性质的联合组织,即开展经营活动,对外追求利润最大化,对内服务团体成员。从组织类型看,社团性的联合会更类似于一种商会或行业协会;而企业型的联合社实际上就是由若干专业合作组织法人组成的、一个规模相对较大的合作社。他将联合社直接定义为法人团体,即能够独立承担法律责任的法人代表。

另一派观点倾向于将联合社看作"经济性组织":联合社是合作社之间的联合,是按照自愿、平等、互利的原则组建的经济性组织。农民合作社作为一种联结农户和市场的新型农业经营主体,有效提高了农民的组织化程度,增强了农户进入市场和参与竞争的能力。联合社的法律地位则是两派的分歧所在,即联合社是否具备法人资格,能否独立承担一定的民事责任甚至刑事责任。

(二)我国农民合作社联合社的立法现状

随着联合社在我国的兴起及发展,它急需相关法律法规的引导和规范。我国现行的《农民专业合作社法》并没有对联合社的法律地位及法律关系做出相应的规定,这就导致联合社在法律层面上出现了严重的空白。

首先,联合社是否具备法人资格一直是联合社立法争论的焦点,目前学界对联合社的法人属性问题仍未达成共识。根据我国《民法通则》第37条的相关规定,法人应当具备下列条件:(1)依法成立;(2)有必要的财产或者经费;(3)有自己的名称、组织机构和场所;(4)能够独立承担民事责任。依据上述规定,能否在我国取得法人资格,其应当具备的条件主要有两方面:拥有必要的财产或者经费以及独立承担民事责任的能力。

认为联合社理应取得法人地位的学者的理由是:从联合社的资金来源可以看出,联合社拥有必要的财产;农民专业合作社联合社是否具有独立的责任能力,也是其享有独立法人资格的重要条件,在联合社对特定资本享有独立支配权的前提下,其债权人可以通过联合社的自有资本实现债权,基层社仅以对联合社的出资为限对联合社承担责任。反对的学者则认为:在联合社没有可独立支配的资本,其责任需要由基层社进行分担时,即联合社的债权人可以越过联合社而直接将债务追及交易对象的成员——基层社时,联合社没有独立承担民事责任的能力。

存在这种争议的原因是我国未制定一部通行全国的法律来明确联合社的法律地位，这也导致了实际操作中的乱象丛生。有学者形象地描述道：部分地区成立的联合社，或是按照联合社运作，未到工商部门登记，"先生孩子，后想名字"；或是以合作社的名义登记，实际是联合社运作，"明修栈道，暗度陈仓"；或是通过种种渠道协调后在工商部门登记成立联合社，"八仙过海，各显神通"。

在现今的法律体系下，联合社的法律地位尚未在全国范围内得到普遍确认。同时，大部分尚未给联合社明确法律地位的省份对此情况持观望态度。此外，我国法律对联合社的各种法律关系，包括内部管理制度和市场管理规范，也没有明确规范。笔者认为，联合社应该具有真实可信的法人地位，而且应到工商部门进行登记注册，这样也利于监管，但联合社应被赋予不同于企业的独特的法人地位。

三 境外农民合作社联合社的法律界定

当前世界各国（地区）对包括联合社在内的合作社的设立原则规定得不尽相同，主要有以下几种：（1）自由设立主义；（2）特许设立主义；（3）许可设立主义；（4）准则主义；（5）严格准则主义。

目前，严格准则主义是大多数国家合作社的设立原则，但仍有一些例外。如丹麦对合作社采用自由设立主义，即法人的申请和设立完全由相关人员或团体自由决定，国家对此不加以任何法律限制。丹麦政府没有出台专门的合作社法，在丹麦合作社的设立完全由社员自主决定，国家不加干预。日本农业合作社的设立则采用许可主义原则，但仍需办理设立登记，方能取得法人资格。

另一方面，更多国家通过不同层次的立法，为合作社的进一步联合及更好地发展提供了条件，同时利用成文法明确规定了合作社联合后的权限与法律责任问题。如美国在1922年通过的《卡帕－沃尔斯坦德法》规定，农业经营者可以通过合作社、公司或其他形式组织起来，确定了农业合作社和联合社的合法地位，并从反垄断法中得到豁免。1926年，美国颁布的《合作社销售法》规定，农业生产者和他们的合作社可以合法地生产、销售其产品，为合作社的进一步联合经营提供了反托拉斯豁免的条款。1937 年的《农业营销协议法》批准了农业合作社联合起来，增强行业自律。

总的来说，世界上合作经济比较发达的国家普遍成立了国家级、地区级、基层级合作社联合体或联合会，形成了合作社发展的纵向体系，发挥了各级组织的作用。这些国家的合作社及联合社在法治经验上相对成熟，对我国联合社的立法具有重要启示和借鉴意义。

四 我国农民合作社联合社的法律地位

随着我国农民合作社联合社的迅猛发展，目前某些联合社发展较为成熟的省份如北京和湖南等地的农业管理部门在制定和出台《农民专业合作社法》的相关管理办法或配套法规时，对该地区联合社的法律地位及其登记注册手续做出了相应规定，在很大程度上填补了我国合作社联合社法律领域的空白。

无法获得合理的法律地位对联合社的影响非常明显。例如山西奶牛养殖联合社，作为山西省规模较大的奶牛养殖社团和产奶基地，建立初期曾大获成功，并吸引了许多奶牛专业合作社的加入。但是，由于工商部门无法给联合社注册，从而无法发放法人营业执照，联合社在对外交易时没有统一的账户，难以真正地联合在一起，只是一个较为松散的组织。因而，在市场运作和营销活动中，联合社就处在了较弱势的地位。乳品企业正是抓住联合社的这些弱点，一方面通过达成价格联盟，统一下调原奶收购价格，另一方面则通过划分原奶收购区域，实行各个击破，对联合社的打击非常大。

国家对联合社进行登记注册的现实意义在于，赋予联合社作为法律拟制的人所具有的类似于自然人的独立的民事主体资格，其实质是国家以法定的形式确定联合社人格的独立。我国由于未对联合社的法律地位做出明确规定，从而导致了在联合社与企业进行竞争或谈判时不能得到公正公平的对待，使得联合的效果大打折扣。

尽管联合社的发展情况在各省份不同，但合作社发展到联合社是未来农业产业化的必然趋势。一些省份出台的法规政策，为全国合作社联合社的立法奠定了基础。

五 我国农民合作社联合社的法律关系

对联合社发展中的各种法律关系进行划分亦是联合社发展的一个问题，而这其中的首要问题就是如何制定联合社的治理结构模式。经过多年的实践和发展，我国大部分地区使用的二元制公司治理模式已经成为一种相对成熟的经济体管理方式。

当前许多地区的联合社内部治理结构皆是以权力机构、决策机构、监督机构和经营管理者之间的相互制衡为特征，大多都设立了联合社社员大会、理事会、监事会的组织体系。在这一治理结构中，各职能部门分工明确，社员大会是联合社的最高权力机关，由全体社员组成。

尽管这套内部治理机构看起来相当完备，但是每个机构都存在着不同的问题。如联合社社员大会，根据我国《农民专业合作社法》，召开社员大会必须要三分之二以上的社员出席率才是有效的。法条中对社员出席率必须达到三分之二以上的要求对大多数联合社来说并不现实，所以往往导致很多联合社的社员大会出席率很难达到法定要求，最终让社员大会长期无法召开或是所做决定缺乏法律效力。

而且，在我国联合社的实践中，对联合社重大事务的表决基本都采用"一人一票制"。然而，随着国内联合社发展规模的壮大，大部分学者认为实行"一人一票制"已经不符合时代的需要：现代合作社联合社对资金的需求量激增，为了吸引更多的资金，许多合作社联合社开始赋予资金雄厚的基层社较多的表决权。

具体在内部关系上，笔者认为，各合作社可以采取不同的方式发起、加入联合社，联合社与下属各子合作社的产权关系、人员管理等方面宜通过章程分别给予明确规定。联合社的外部关系，尤其是联合社与政府之间的关系，也需要通过立法对政府介入合作社管理的界限进行界定。

综上所述，从联合社内外部关系来看，我国对联合社的立法仍不够完善，需要进一步填补的地方还有很多。

六 结语

联合社是合作社深入发展及完善自身的必由之路。我国各级立法部门及政府应依据联合社的建立及发展的现实状况，尽快通过国家立法来填补《农民专业合作社法》中与联合社法律地位相关的法律缺失，尽可能地消除给联合社发展带来的消极影响，为我国联合社开展相关活动提供法律保障。

参考文献

[1] 孟繁生、刘青：《合作社做大规模 国雁品牌打开高端市场》，《中国果菜》2010年第10期。

[2] 苑鹏：《农民专业合作社联合社发展的探析——以北京市密云县奶牛合作联社为例》，《中国农村经济》2008年第8期。

[3] 杨春悦：《各地农民专业合作社联合社法规规定综述》，《中国农民合作社》2010年第12期。

[4] 苑鹏：《联合社——实现农民专业合作组织发展转型、向着现代农业经营组织迈进的支撑点》，中国工合国际委员会网，2011，http://www.gungho.org.cn/cn-info-show.php? infoid=792。

[5] 农民专业合作社联合社发展研究课题组：《农民专业合作社联合社调查研究报告》，《中国农民合作社》2014年第3期和第4期。

[6] 储成兵：《农民专业合作社联合社的法律属性》，《合作经济与科技》2011年第11期。

[7] 林滢、任大鹏：《农民专业合作社联合社法律制度探析》，《农村经营管理》2010年第5期。

[8] 呼和：《我国农业合作社法律制度研究》，硕士学位论文，西南交通大学，2009。

[9] 李锡勋：《合作社法论》，三民书局，1992。

[10] 闫石：《农民专业合作社联合社发展研究》，硕士学位论文，中国政法大学，2010。

[11] 邹汉清：《我国农民专业合作社联合社发展研究》，硕士学位论文，河北经贸大学，2013。

[12] 尹腾腾：《农民专业合作社联合社立法若干问题研究》，硕士学位论文，安徽财经大学，2011。

[13] 储成兵：《农民专业合作社联合社的内部治理结构研究》，《现代农业》2011年第12期。

[14] 储成兵：《农民专业合作社联合社治理机制法律分析》，《合作经济与科技》2011年第12期。

（本文原载于《中国果菜》2015年第4期）

农业合作社联合行为豁免适用反垄断法问题研究

许　英[*]

一　问题的缘起

（一）我国反垄断法的农业领域适用除外制度

反垄断法的适用除外制度又称反垄断豁免制度，[①] 是各国反垄断法既抑制垄断又基于各种因素的考量，允许部分垄断合法存在的通行做法。尽管我国《反垄断法》出台较晚，但第 1 条就开宗明义地指出其立法宗旨是预防和制止垄断行为，保护市场公平竞争，提高经济运行效率，维护消费者合法权益和社会公共利益，促进社会主义市场经济健康发展。

我国《反垄断法》在农业领域的适用除外制度主要体现为该法第 56 条的规定，即农业生产者及农村经济组织在农产品生产、加工、销售、运输、储存等经营活动中实施的联合或者协同行为不适用本法。具体来说，该规定包含三方面的内容：第一，适用除外的主体是农业生产者及农村经济组织，具体来说包括土地承包户、农民专业合作社、农民专业协会、乡镇村集体经济组织、农村股份制合作企业、供销合作社、信用合作社等；第二，除外范围涉及农产品生产、加工、销售、运输、储存等经营活动；第三，适用除外的行为类型是联合或者协同行为。因此，我国《反垄断法》第 56 条的规定并非针对整个农业实施行业豁免，而是对农业领域特

---

[*]　许英，肇庆学院政法学院副教授。

[①]　对反垄断法的适用除外制度与豁免制度的理解，目前学界还存在不同的认识，但笔者认为二者在本质含义上是一样的，只是体现在各国立法技术上的不同，因此，本文是在相同意义上使用这两个语词的。

定行为的豁免。所以，我国《反垄断法》第 56 条关于农业领域适用除外规定的概括性和模糊性凸显了立法的缺陷和不足，但也为制度的进一步完善留下了空间。

（二） 我国农民专业合作社的立法现状

作为新型的农民合作组织，我国农民专业合作社既不同于产生于西方的传统合作社，也不同于新中国成立初期的"人民公社"。我国农民专业合作社的主要成员是农民，农民自己可以出资的数额很不充分，为了解决资金问题，非农业生产者，如一些在当地具有垄断地位的企业很热衷于并开始加入或领办合作社。企业的生存法则就是企业利润最大化，大型龙头企业加入或领办合作社的真实目的，往往在于通过合作社控制农民的生产资料采购或农产品销售市场，以解决企业自身的农业生产资料销售或农产品采购问题。因此，现实中获得发展的农民专业合作社已背离了其主要为农民成员服务的"自我服务"发展战略，也背离了我国《农民专业合作社法》允许企业成为合作社成员以带动农民共同致富的法律目标。我国现行的《农民专业合作社法》并不能有效回应上述问题，目前在规范农民专业合作社的行为方面缺乏与其他法律相衔接的规定，我国农民专业合作社在可持续发展过程中必将遭遇各种法律问题。

（三） 合作社联合行为豁免适用反垄断法

联合或协同从本质上讲就是排除、限制竞争，能产生垄断的消极效果。我国《反垄断法》第 56 条的规定，从法条字面含义理解就是，只要从事其中任何一种或多种经营活动，农业生产者和农村经济组织在此活动过程中进行的具体的联合或协同行为都不需要适用反垄断法。具体而言，农民专业合作社在从事农产品生产、加工、销售、运输、储存等一种或多种经营活动中实施的联合或协同行为符合该适用除外规定的一般条件，可因豁免适用反垄断法的禁止规定而取得行为的合法性。但是，如果允许包括非农业生产者在内的已经"异化"的农民专业合作社实施联合行为，就实际上产生了这样的后果，即那些加入或领办合作社的作为非农业生产者的大型龙头企业取得了垄断地位或市场支配地位。它们如果在农产品原料采购市场或农产品供给市场中实施联合或协同，就极易损害农民和消费者的利益，进而破坏整个尚显脆弱的农村市场经济发展秩序。因此，基于现行制度安排，认为"农业领域特定行为不适用反垄断法具有普遍性和绝对性，即便该行为可能损害竞争并危及消费者利益，同样不适用反垄断法的禁止性规定"的观点，恰好反映了该制度设计的缺陷。

遵循现行反垄断法的制度安排，农民专业合作社实施联合或协同行为，可以豁免适用反垄断法的禁止规定。豁免适用的实际后果往往是合作社的企业成员获得了垄断利润，而农民成员和农产品市场的消费者的利益却受损。当制度实施的现实与其设立的目标相冲突时，就需要人们重新审视制度的正当性。尽管制度的设立具有正当性基础，但制定反垄断法的国家通常又基于产业政策和竞争政策的变化，对适用除外制度进行调整，说明了协调和统一社会公平与竞争公平的反垄断法的适用除外制度并不是一成不变的。尤其是随着我国农业产业化的转型和农业市场化的发展，我国农村经济组织内外部经济条件也不断发生着变化，农业领域的反垄断豁免制度能否实现其价值目标就遭到现实的拷问。因此，基于各国农业豁免制度的立法和实施经验，并结合我国市场经济发展的现实，必然需要完善我国农业领域的反垄断豁免制度，否则制度本身的价值目标将难以实现。

二　农业领域反垄断适用除外制度的正当性

（一）产业政策与竞争政策的平衡与选择

基于自由竞争的市场经济理论，健全的市场需要充分的竞争，而垄断会限制竞争，一旦竞争被扭曲，市场经济也将遭到破坏。为此，各国都通过严格的竞争政策对限制竞争的行为加以制止，保护公平自由的竞争环境。然而，如果市场机制尚不健全，却任由市场配置资源就可能造成市场的无序或资源浪费；如果产业发展水平较低或产业整体竞争力薄弱，过度竞争不仅导致经济效率低下，也可能使产业组织无法与国外强大的竞争者抗衡，甚至对国内产业造成毁灭性打击。因此，基于产业发展的实际情况，各国又通过制定产业政策来调整竞争政策，扶持产业发展、提升产业竞争力。所以，产业政策和竞争政策都属于国家经济政策的范畴，是市场经济国家发展本国经济不可或缺的政策工具。

在制度需求上，克服垄断对竞争的危害性以及维护有效竞争、落实国家的竞争政策需要反垄断法对垄断行为进行禁止性规定加以实现。然而，因商品经济高度发达和科学技术不断进步所形成的垄断，具有带来经济发展规模效益的积极功能。所以，垄断是一把"双刃剑"，适度的竞争和对垄断的适度保护都是必要的；国家为实现一定的经济社会目标所制定和实施的产业政策，也会与其推行的竞争政策和竞争立法相冲突。因此，各国在进行反垄断法制度设计时，承担着既要抑制垄断消极因素又要保护垄断积极成分的双重职能，同时还要保证国家的竞争政策和产业政策能得以有效执行。而实现上述目标的有效路径便是在反垄断法中依据产业政策设置适用除外制度。借助适用除外制度可以将产业政策和竞争政策有效地结合起来，找到市场经济高效、有序发展的和谐点。可以说反垄断法的适用除外制度，反映了国家平衡竞争政策与产业政策时所做的立法选择。

由于农业在国家产业发展中的根本性以及其本身的特殊性，各国一般都对农业实施保护政策。反映在法律制度层面，许多国家设置农业领域的豁免制度，允许农业经营者之间订立限制竞争协议，以实现与农业相关的产业政策目标。美国克莱顿法规定，反托拉斯法不禁止那些为合法目的而采取互助措施的农业和园艺组织的活动。美国1922年制定的《卡帕－沃尔斯坦德法》（Capper-Volstead Act），进一步使农业方面的合作得到豁免。另外，根据《欧共体条约》第36条的规定，欧共体的农业政策优先于竞争政策，而且农业是唯一可以得到欧共体反垄断法豁免的行业。

有的国家在反垄断法律中用专章或专条对农业豁免加以规定，如德国反对限制竞争法第28条、日本禁止私人垄断及确保公正交易法第六章第23条、中国反垄断法第56条等。也就是说农业领域的反垄断豁免制度，更鲜明地反映了各国基于促进农业发展与维护有效竞争的权衡而进行的制度设计。所以，反垄断法适用除外制度是连接竞争政策与产业政策的桥梁，是调和竞争政策与产业政策矛盾的软化剂。由于经济政策随着经济发展的实际所进行的调整，实际上也对法律制度的及时修正和完善提出了要求，因此，反垄断法适用除外制度是国家对产业政策与竞争政策进行不断调和的结果。

（二）社会公平与竞争公平的协调与统一

发达市场经济国家的经验表明，市场本身并不具备维护公平自由竞争的机制，竞争中的企业为了减少竞争的压力和逃避风险，往往会采取各种手段谋求垄断地位、限制竞争，这就需要政府运用法律手段对社会经济生活实施适度干预，以维护竞争者利益、消费者利益和社会公共利益。所以，反垄断法旨在抑制垄断，保护有效竞争，创造公平的竞争环境，体现了其维护竞争公平的价值目标；同时，反垄断法也必然体现经济社会本位的价值取向，突出社会公共利益价值。尽管反垄断法适用除外制度是"对垄断的宽容、对限制竞争的许可"、"是对反垄断法适用范围及其作用的限制"。但作为反垄断法律制度的重要组成部分，适用除外制度也贯彻了经济法的社会本位、公平兼顾效率的价值理念。所以，我国反垄断法的直接目的是保护市场竞争，最终目的是提高经济效益，维护消费者合法权益和社会公共利益，体现了反垄断法在维护竞争公平与社会公平上的协调与统一。

从实质上讲，反垄断法的适用除外制度更注重社会公平，是基于垄断的双重性所做出的回应。虽然竞争是配置资源的最佳方式，但有些市场因其特殊的条件，优化资源配置的机制只有在限制竞争的条件下才能实现。在这种情况下，通过合作实现合理化就比自由竞争更可取。也就是说在某些特定的行业或领域，过度竞争不仅不能带来竞争利益，反而会导致社会资源配置的低效率、市场经济运作的高成本，进而影响整个市场经济的运行效率，损害消费者利益和社会公共利益。因此，在这些特定的行业或领域需要排斥过度竞争，保护规模经济。也就是说反垄断法在维护竞争公平的同时，也要考虑整个国民经济的协调发展和社会公共利益的实现，以促进社会公平。反垄断法适用除外制度正好发挥了协调个体与社会经济利益，统一社会整体目标与个体利益目标的制度功能。

在农产品市场，自由竞争极易影响农产品的供求波动，进而影响农产品的价格，出现"谷贱伤农"、"谷贵伤民"等影响农民生产积极性甚或国民经济整体发展的现象。因此，反垄断法在农业领域的适用除外制度反映了其维护竞争秩序与保护幼稚产业并举的制度设计理念。尤其是农业在我国国民经济发展中不仅处于基础地位，而且很明显地属于幼稚产业。我国大多数地区的农业生产者及农村经济组织，生产经营规模小、生产力水平低、市场竞争力弱，难以在农产品生产、加工、销售等经营活动中实施限制或排除竞争的合作、联合或者其他协同行为。因此，对于农业领域的特定行为给予豁免有利于改变我国农业落后发展的实际情况，迅速提高农民收入水平和提升农业的产业竞争力。所以，我国反垄断法做出第 56 条规定的初衷便在于此。正如有学者所言，"反垄断法用适用除外的方式对我国农业领域反垄断适用除外范围的扩大，有利于我国农业合作经济组织的壮大，有利于推动我国农业和农村经济组织的快速发展"。当然，贯彻社会公平理念的制度安排，也要能适应农业经济组织条件的变化和农村经济发展的实际，否则制度设计的实质公平价值便很难真正得以实现。

三 国外农业反垄断豁免制度的经验

（一）反垄断法豁免制度应与竞争政策、产业政策的调整相适应

如前所述，尽管竞争政策和产业政策存在着一定的冲突，但都是国家为了发展经济、提高产业竞争力而采取的政策手段，都坚持市场经济基础，其最终政策目标是一致的。国家可以根据产业发展的不同阶段以及不同产业的需要，对产业政策和竞争政策进行适时的调整。正如有学者所言，产业政策的实施不能否定市场，更不能代替市场的基础作用。随着一国经济发展水平的提升和产业竞争力的增强，竞争政策应该成为一国经济政策的主轴，反垄断法作为维护市场经济体制的基本法律，其作用应该得到不断强化。

随着各国开放性市场体系的逐步推进和对竞争政策的强化，各国通常都会对反垄断法适用除外制度加以调整，废除一些领域的适用除外制度。例如德国于 1998 年修改反对限制竞争法时删除了有关"折扣卡特尔"、"进出口卡特尔"等适用除外制度的规定。1999 年底日本在强化反垄断法的修订中，废除了适用除外法及禁止垄断法中与现行市场结构不相符合的"经济危机卡特尔"、"基于特别事业法令的正当行为"、"合理化卡特尔"三类适用除外制度。除此之外，还对保留下来的适用除外制度加以了严格限制。如日本禁止垄断法第 22 条，规定以中小经营者（中小企业、农民）

或消费者相互扶助为目的的合作社实施的行为，不适用禁止垄断法的禁止性规定；与此同时，立法又对该类适用除外的主体及其行为加以严格限制，规定其使用不公正交易方法和在一定交易领域实质性限制竞争，从而导致不当提高商品价格的情况仍适用反垄断法规制。

（二）合理原则在反垄断法实施中的普遍运用

从实质意义上理解，合理原则在反垄断法实施制度中的运用，就是借助于"成本 - 效益"的经济分析方法，对比某项垄断行为的正负经济效应，运用具体问题具体分析的方法，对垄断行为产生的积极效果和消极效果进行评估比较，判断该行为是否正当和有效率。

关于豁免制度与合理原则的关系，有学者认为豁免制度不过是对一些竞争行为进行合理性和合法性分析之后，而得出的不需要再次进行合理分析的固定不违法的结果而已。但是，这样的判断在不同的国家、不同的豁免制度下并不具有普遍的妥当性。关于豁免制度的分析方法起源于美国，根据美国联邦贸易委员会和司法部共同发布的《关于竞争者之间联合行为的反托拉斯指南》，最高法院运用两种分析模式决定竞争者之间协议的合法性："本身违法规则"和"合理规则"。该指南对那些非常有可能损害竞争且没有重大促进竞争好处的协议，适用"本身违法规则"，加以认定其违法性，而法院对所有其他协议则根据"合理规则"，对协议的性质、反竞争后果、联合行为所影响的相关市场等因素，予以综合评估后确定其是否违法。因此，美国的豁免制度是根据适用合理原则判例的经验总结得出的，它在一定时期是固定不违法的结果。另外，美国 1922 年制定的《卡帕 - 沃尔斯坦德法》，在授权农业方面的合作不受反托拉斯法的约束之外，又授权农业部长有权采取措施，制止和终止"垄断或限制竞争以致任何农产品价格不公正增长"的协会行为。欧盟竞争法和德国限制竞争法同是制定法体例，他们在具体操作上将豁免分为"类型豁免"和"个案豁免"，对包括农业在内的特定类型的限制竞争协议实施反垄断豁免，这种豁免是固定类型的不违法的结果，但同时又通过附加限制保留了对"类型豁免"追究其违法责任的权利。即在特定的条件下，如果欧盟委员会认为该协议妨碍了有效竞争，可以撤回该豁免。而对个案豁免是直接规定豁免要满足的具体条件，也就是说要根据个案具体情况认定，符合豁免条件的才能被豁免。

综上所述，尽管各国在反垄断法实施制度中对合理原则的运用有所不同，但都体现了就行为对竞争产生的积极效果和消极效果进行综合比较，同时还通过设置"安全阀"，弥补豁免制度的实施可能对竞争和社会公共利益产生的不良影响。所以，作为判断相关行为是否违反反垄断法的基本方法，合理原则实际上并未成为各国反垄断法的基本原则，但又都贯穿于各国反垄断法的立法、执法和司法实践中。合理原则主要强调对具体行为进行合理与非合理因素的分析和比较，对具体行为的积极效果与消极效果的考虑和衡量，以此判断其是否违反反垄断法。因此，各国反垄断豁免制度的设计实质上就是运用合理原则的结果，只是由于各国立法体制的不同，各国运用合理原则制度的反映有所不同。适用合理原则判断行为的合法性，一方面有助于执法机构更好地适应复杂的社会经济情况，另一方面也由于其不确定性、高成本性和适用的复杂性而增加了实施的难度。当然，各国根据执法和司法的实际情况，应对合理原则加以合理运用。

四 完善我国农业反垄断适用除外制度

（一）确立合理原则为适用原则

目前，我国反垄断法在具体制度的设计中已体现了合理原则的身影，这些规定对合理原则的运用主要是考虑了目的、竞争后果、消费者利益以及社会公共利益等因素。正如有学者所言，合理原则在反垄断法的实施中最能体现反垄断法基本精神。但是，我国反垄断法对合理原则的运用却明显不足：一是在总则中缺乏对合理原则的规定；二是在反垄断法实施的具体制度中缺乏克服合理原则的不确定性的制度设计。因此，完善合理原则在我国反垄断法实施中的运用，一是可以考虑将合理原则在"总则"中加以规定，体现合理原则的基本原则地位，以贯穿整个反垄断法的实施。这样既可以保证反垄断法在实施过程中遇到无规定的情形时直接适用合理原则，也可以通过基本原则的规定灵活适应反垄断法未来的变化。二是在农业领域适用除外制度的完善上，加强对克服合理原则不确定性的制度设计，包括在适用除外规定中增加适用限制条件和适用程序控制。所以，农业领域适用除外制度的安排并非意味着对整个农业领域的完全放纵，而是在一定限度和范围内承认和保护这种垄断权利，同时又需通过限制条件或程序控制防止该权利被滥用。

（二）完善现行反垄断法第56条规定

在反垄断方面运用合理原则意旨附加例外或禁止规定，以完善现有农业领域适用除外规定。如借鉴日本禁止垄断法的规定，对农业生产者或农村经济组织实施的严重危害市场竞争的行为做出例外规定。如"使用不公正交易方法"，"在一定交易领域实质性限制竞争，从而导致不当提高商品价格"都应受反垄断法规制。因此，可以将反垄断法第56条修改为"农业生产者及农村经济组织在农产品生产、加工、销售、储存等经营活动中实施的联合或者协同行为不适用本法，但不得以排除竞争为直接目的或者造成价格过度提高"。也可以借鉴合理原则体现在其他豁免制度中的做法，附加适用的前提条件，避免仅具备形式但会严重损害竞争的情形。如将反垄断法第56条修改为：农业生产者及农村经济组织在农产品生产、加工、销售、储存等经营活动中实施的联合或者协同行为不适用本法。不适用前款规定的，农业生产者及农村经济组织应当证明所实施的联合或者协同行为，不会严重限制相关农产品市场的竞争，并且能够使消费者分享由此产生的利益，这种做法有利于保持合理原则在我国反垄断法具体制度中的一贯体现和制度设计的统一性。

通过在我国现行关于农业领域特定行为不适用反垄断法的规定中附加例外或禁止规定，表明我国反垄断法对农业领域特定行为的豁免并不是绝对的，我国反垄断法农业领域适用除外制度的初衷主要是保护农业生产者对抗强大的市场交易主体，防止买家垄断。因此，如果农村经济组织的行为涉嫌牺牲消费者的利益和社会公共利益，那么该行为仍然要受到反垄断法的追究。

（三）在合作社法中增加反垄断的规定

如前所述，在农业领域特定行为豁免适用反垄断法的行为主体上，我国反垄断法只是笼统规定是农业生产者及农村经济组织。农民专业合作社作为农业产业化经营背景下发展起来的农村经济组织，在实践中存在大量异化现象。大多数农民专业合作社都是由龙头企业或大型公司领办，这样的农民专业合作社已经背离了以农民为主体的发展初衷。如果允许包括非农业生产者的农民专业合作社实行联合或协同行为，势必满足了某些龙头企业或大型公司领办合作社的利益要求，而利用法律规定实施名为合法实为侵犯其他经济组织和农民利益甚或社会公共利益的行为。因此，对已异化的农民专业合作社适用反垄断法的豁免制度应加以审慎对待。

根据我国农民专业合作社的实际运作情况，解决"类型豁免"可能产生的新的不公平问题的有效路径，便是在我国现行农民专业合作社法中运用"个案豁免"的做法做出与反垄断法相衔接的规定。具体来说，可以借鉴欧共体的立法模式，在农民专业合作社法中规定具体豁免条件。农民专业合作社在经营活动中实施联合或协同行为如要得到反垄断法豁免，必须满足具体豁免条件（包括效率的提高、消费者利益的满足、必要性、非排除竞争性）。只有全部满足了豁免条件，行为才能得以豁免而获得合法性评价。也可以借鉴日本禁止垄断法的规定，对作为适用对象的合作社设定适用条件，只有满足相关条件才可适用除外制度，否则仍受反垄断法规制。通过在合作社法中设定豁免条件的做法，实现我国农业领域的豁免制度将反垄断法中一般豁免与合作社法中特殊豁免相结合，一方面有利于加强法律规范之间的衔接，另一方面也有利于彰显和强化我国《农民专业合作社法》规范农民专业合作社的行为，保护农民专业合作社及其成员的合法权益，促进农业和农村经济的发展。

参考文献

[1] 时建中：《反垄断法——法典释评与学理探源》，中国人民大学出版社，2008。

[2] 王晓晔：《经济体制改革与我国反垄断法》，《东方法学》2009 年第 3 期。

[3] 吴宏伟、金善明：《论反垄断法适用除外制度的价值目标》，《政治与法律》2008 年第 3 期。

[4] 齐虹丽：《例外与豁免：中国〈反垄断法〉适用除外之观察》，《法学杂志》2008 年第 1 期。

[5] 王晓晔：《〈中华人民共和国反垄断法〉析评》，《法学研究》2008 年第 4 期。

［6］王晓晔：《德国竞争法中的卡特尔制度》，《法学家》1995年第4期。

［7］金福海、戚军伟：《反垄断法适用除外制度比较研究》，《经济法论坛》第6卷，2009。

［8］戴龙：《日本反垄断法实施中的竞争政策和产业政策》，《环球法律评论》2009年第3期。

［9］王玉辉：《21世纪日本反垄断法的适用除外制度——最新发展与制度适用》，《河南警察学院学报》2012年第2期。

［10］李钟斌：《反垄断法的合理原则研究》，厦门大学出版社，2005。

［11］白艳：《美国反托拉斯法、欧盟竞争法平行论：理论与实践》，法律出版社，2010。

［12］孔祥俊：《反垄断法原理》，中国法制出版社，2001。

［13］蒋岩波、葛勋：《反垄断法的合理原则》，载王晓晔主编《反垄断立法热点问题》，社会科学文献出版社，2007。

［14］黄进喜：《反垄断法适用除外制度的法理分析与制度完善》，《东南学术》2011年第1期。

（本文原载于《商业研究》2013年第8期）

第三部分　联合社发展需要的法律支持和有关立法建议

农民专业合作社联合社调查研究报告

农民专业合作社联合社发展研究课题组*

为贯彻落实好中央一号文件精神，首先需要摸清基本情况，加强基础研究，统一思想认识，掌握发展规律。为此我们把联合社问题作为 2013 年重点调研课题，采取文献研究、实地走访、典型剖析等方式，查阅国内外相关文献资料，先后到湖北、山西、江苏、北京、河北、山东等 16 个省份的 25 个县（市、区）开展专题调研，并走访了 42 个联合社、136 家专业合作社。通过调查研究，我们分析了欧、美、日、韩等发达国家和地区联合社的发展情况，阐释了我国发展联合社的重要性与必要性，总结了各地发展联合社的主要做法，梳理了取得的成效与存在的问题，提出了促进农民专业合作社联合社发展的对策建议。

一 国际视角：欧、美、日、韩等发达国家和地区联合社发展成熟，形式多样，经验可鉴

合作社的联合与合作，是国际合作社联盟确定的合作社七项原则之一，是世界各国合作社发展中的普遍做法。欧、美、日、韩等国家和地区联合社的发展相对成熟、形式多样、经验丰富，对我国发展联合社有重要启示。

（一）联合社类型

19 世纪中后期以来，合作社在欧美国家得到快速发展，数量急剧增加。但是，随着技术快速变革带来的资本向各领域的渗透，市场竞争日趋

---

* 中国社会科学院农村发展研究所、农村改革发展协同创新中心。

激烈，单个合作社生存的压力越来越大，必须寻找新的发展出路。在英、法、德等国家，合作社开始发展纵向合作、横向联合，建立了多种形式的合作社联社。这些联社通过联合、合作等方式不断扩大规模，基层联合社开始组建地区联合社，并由地区联合社发展成全国总联盟。联合社（体）的服务内容已涉及生产、储运、加工、销售、消费、金融、住房、医疗、教育等领域，并向环保、IT 等现代产业延伸。一些国家的合作社通过兼并、合并等方式进行重组，组建大型合作社，增强合作社的发展能力。需要说明的是，这些国家的联合社组织形式各异，有的是大型合作社（如美国、荷兰、德国），有的是合作社集团（如英国、法国），有的则以综合农协的形式出现（如日本、韩国）。按照经营范围不同，这些联合社或联合体大致可以分为以下 4 种。

1. 消费型联合社

这是最早发展起来的联合社类型，起源于英国。自 1844 年罗虚代尔公平先锋社成立以来，英国的消费合作社不断涌现。1850 年英国出现了首个消费合作社联合社——合作社中央代理点。为解决货源问题，1863 年英国 300 个消费合作社成立了北英格兰批发联合社。1873 年，北英格兰批发联合社联合其他消费联合社，成立了英国消费合作社联盟，形成了基层合作社—地区联社—中央联社的三级组织体系。在罗虚代尔公平先锋社基础上发展演变而来的英国合作社集团，由各地 80 个独立的合作社联合而成，拥有 720 万个成员，设有 48 个地方委员会和 7 个地区理事会。2011 年，其年营业额达到 133 亿英镑，雇员超过 10.2 万人，开设各类平价商店 5000 多家。英国消费联合社业务不断扩大，由最初的联合批发扩展到目前的食品、百货、保险、银行、农业、殡葬、房地产、汽车销售、旅游、医药等与人们生产生活密切相关的领域，满足了成员的多样化需求，促进了经济社会的发展。随后，消费联合社在法、德等国家也相继发展起来。到 1912 年，法国消费合作社中央联社的成员组织已多达 900 个，1914 年猛增到 3261 个，成员达 87.6 万人，约占当时总人口的 2%。

2. 营销型联合社

这种联合社在荷兰、美国等国家较为典型。荷兰的奶业合作社早在 19 世纪中后期便建立了市场销售联盟，共同销售奶制品，并在采购、加工和信贷相关环节为合作社提供服务。目前，赛贝科是荷兰最大的合作社集团，由 30 多个地区级合作社组成，下设 100 多个公司，生产销售的食糖、牛奶、饲料数量均超过该国产量的 60%。美国的 Southern States 于 20 世纪 60 年代兼并了 10 个区域性合作社成为一个大型合作社，建立了全球最大的合作社育种研究机构（FFR）。1998 年，Southern States 又兼并了大型饲料企业 Gold Kist 公司的农资供应系统，合作社的经营范围从美国南部扩展到东南部。2000 年，该社又收购了 Agway 公司的饲料批发系统，增加了 10 多个州的销售网络和 1 个客户服务中心，经营实力和服务能力大幅提升。

3. 信用型联合社

这在德国表现比较突出。1872 年，莱茵地区出现了第一个农村信用合作联合社——莱茵农业合作银行。1876 年，各地的信用合作联合社又联合起来组成了信用合作社的中央机构，成为德国赖夫艾森合作社总联盟。经过 100 多年的发展和整合，形成了沿用至今的德国赖夫艾森合作银行。目前，已形成了以德意志合作银行为龙头、区域性中心合作银行为骨干、赖夫艾森合作银行和其他信用合作社为基础的现代合作金融体系。西班牙蒙德拉贡合作社也是以合作银行为核心的合作社综合体，通过建立合作银行吸收成员社的存款及居民储蓄，向成员社提供贷款服务，解决成员社发展资金不足问题。

4. 综合型联合社

日本、韩国的农协是综合型联合社的典型代表。1947 年，日本参照美国农业合作社法的基本理念，在改组农业会的基础上成立了日本农协。与行政体制相对应，日本农协建立了"中央—都道府县—市町村"三级系统。农协针对农户家庭生产经营开展生产指导、农产品销售、生产生活资料供应、信贷、储蓄、保险以及成员福利等综合型合作与全方位服务。近年来，为应对国内外环境的变化，日本农协通过整合、合并、改组、经营与决策分离等措施，进行了自我改革与调整。截至 2013 年 4 月，日本农协有 703 家，比 1998 年减少了 1130 家。为适应市场竞争，日本农协不断拓展业务，开始引入"六次产业"理念，构筑一、二、三产业之间的新型合作关系，利用产业融合来振兴农村经济，推动农业可持续发展。

日本农协作为政府行政力量的重要补充，在农业指导与政策执行中扮演着重要角色，相当于农村的"第二行政系统"。从第二次世界大战后长期实施的粮食管制政策到近年来日本政府主导的国内农业结构调整及相关作物减产政策，农协都是重要执行者。农协通过政治活动，凭借农民选票转化而来的政治能量，促使执政党在制定、实施农业政策时比较注意保护农民利益。参照日本做法，韩国于 1961 年 7 月颁布了《农业协同组合法》，构建了覆盖产前、产中、产后的综合性服务体系。此外，农协还承担政府的委托业务、对外贸易以及金融信贷业务。

（二）主要做法和经验

欧、美、日、韩等国家和地区联合社的快速发展，得益于国家和地区在法律、政策、资金、人才等方面的支持和保障，这为我国发展联合社提供了重要借鉴。

1. 健全的法律法规是联合社健康持续发展的制度保障

通过多层次的立法，一些国家规范了合作社的联合与发展，明确了联合社的权利与责任。美国 1922 年通过的《卡帕－沃尔斯坦德法》规定，农业经营者可以通过合作社、公司或其他形式组织起来，确定了农业合作社和联合社的合法地位，并从反垄断法中得到豁免。1926 年，美国颁布的《合作社销售法》规定农业生产者和它们的合作社可以合法地生产、销售其产品，为合作社的进一步联合经营提供了反托拉斯豁免的条款。1937 年的《农业营销协议法》批准了农业合作社联合起来，增强行业自律。日本在 1947 年制定的《农业协同组合法》，赋予农协合法地位，并对农协的设立、管理、合并与解散等做了详细规定，还明确不受政府行政干预。随着经济环境的变化，日本政府不断对法律进行修正和调整，为农协的经营活动提供了法律保障。

2. 政府不断完善支持联合社发展的政策措施

国外的实践表明，联合社作为弱者的"再联合"，其发展壮大离不开政府的鼓励与支持。美国以法律形式给予合作社和合作社联社有限豁免待遇、税收优惠、信贷支持，为合作社合并与联合创造了发展空间。英国在 1870 年成立了合作社中央委员会（后改名为合作社联盟），专门负责合作社及其联合体的行业管理，并协助其处理好与各级政府的关系。1971 年英国颁布的《农业与园艺合作法案》规定，政府为农产品和园艺品的合作生产提供补助。此后，英国成立的农业与园艺合作社联合会具体负责有关合作社或合作社联合体的补助申请和管理事项，提高了补贴资金的分配和使用效率。日本政府每年近4万亿日元的农业补贴资金，主要通过农协体系发放到农户。同时，日本政府还给农协比私人企业更优惠的税收政策，如反垄断法不适用于农协经营的农产品和农资，农协的各种税率均比其他法人纳税税率低10%。

3. 发展合作金融有助于联合社做大做强

在一些国家，发展合作金融成为促进联合社做大做强的有效手段。日本合作金融尤其发达，几乎涵盖了农村地区的全部金融业务。日本农村合作金融体系是农协的一个子系统，也是一个具有融资功能的独立信用合作体系。合作金融组织归农协会员所有，农户入股参加基层农协成为农协会员，基层农协入股参加信用农业协同组合联合会，信用农业协同组合联合会又入股组成农林中央金库。基层农协的各项存款余额呈逐年递增的趋势，吸收的储蓄由1990年的56万亿日元增加到2010年的约87万亿日元，70%以上的涉农贷款都来自农协的合作金融机构。西班牙的蒙德拉贡联合社不仅建立了全国范围的合作银行，吸收居民存款并为成员提供贷款，还允许成员入股获得股息收入。

4. 加强联合社专业人才的培养

很多国家在联合社发展中，都非常注重对人才的教育和培训。英国的合作社联盟专门成立了合作社学院，为成员社提供必要的教育和培训。日本农协发展的一条重要经验就是重视对人才的培养，特别是对农协带头人及核心成员的培养。日本农协建有完整的教育体系，国家设有农协中央学院，各地设有40多所农协大学及各种研修中心。美国的地方农业院校一般都设有农业技术和市场管理人员的相关课程，为联合社提供人才培训。以色列高度重视教育，在联合社发展中也得到了体现。以基布兹联合体为例，每个基布兹无论大小都设有专门的教育委员会，有自己的小学，甚至还开办了职业中学和高等学校。

二 客观使然：我国发展联合社十分必要，意义重大

顾名思义，联合社是合作社之间的联合，是按照自愿、平等、互利

的原则组建的经济性组织。农民合作社作为一种联结农户和市场的新型农业经营主体，有效提高了农民的组织化程度，增强了农户进入市场和参与竞争的能力。然而，我国农民合作社作为弱势群体的联合，自身规模较小、实力较弱、合作方式单一，整体竞争力不强，在市场参与中往往处于不利地位，影响了功能作用的发挥。这就要求不断推进合作社组织制度创新，组建多种形式的联合社，扩大合作社的规模，发挥规模效应，增强合作社在市场竞争中的主动权，最大限度地实现农民成员的经济利益。

（一）发展联合社是做大做强农民合作社、应对市场竞争的现实选择

随着改革开放的深入，越来越多的工商资本和跨国企业进入农业领域，合作社面临的竞争日益激烈，单个合作社难以与之相抗衡。面对这种形势，合作社只有走联合之路，才能有效应对激烈的市场竞争。合作社以产品和产业为纽带开展"再合作"，有助于集成整合资源要素，形成规模经济优势，能更好实现规模效应。合作社联合起来，能够增强经济实力，更有条件向包装、储藏、加工、营销等领域延伸，拓宽发展空间，增强抗风险能力。合作社抱团发展，可以提高产品和服务的市场占有率，摆脱单兵突进、各自为战、受制于人的困境，提高谈判地位，维护自身权益，实现持续发展。

1. 发展联合社是提高农业组织化程度、构建新型农业经营体系的内在要求

农业组织化程度低是制约现代农业建设的重要因素。近年来，农民合作社快速发展，加强了农民之间的联合，推动了规模经营。但是，多数农民合作社规模还比较小，合作社之间的协同协作机制还不完善，农业组织化程度低的问题还没有得到有效解决。发展联合社，加强合作社之间的分工协作，提供农业生产、市场信息、产品销售等方面的服务，有助于在农业生产经营中实现更广范围、更大程度、更高层次上的联合与合作，形成运行规范、功能配套、优势互补的合作形态，有效提高农业组织化程度，增强农业社会化服务功能，这对于加快构建集约化、专业化、组织化、社会化相结合的新型农业经营体系具有重要推动作用。

2. 发展联合社是培育壮大主导产业、建设现代农业的有力举措

发展规模经营，壮大主导产业是建设现代农业的基础。合作社的重要特征是"生产在家、服务在社"，能够坚持家庭经营在农业中的基础性地位，实现了分散农户联合生产、共同经营、统一服务，推动了规模经营。联合社依托当地资源和产业优势，将关联度密切的合作社联合起来，扩大了优势产业的区域规模，推动了主导产业的培育和发展。同时，联合社为了积极应对市场竞争，在扩大经营规模的基础上主动引进推广新品种、新技术，推行标准化生产，开展产品质量认证，促进了高产、优质、高效、生态、安全农业的发展。

3. 发展联合社是增强行业自律、维护市场秩序的重要手段

公平的竞争环境、有序的市场秩序是社会主义市场经济健康发展的必要条件。目前合作社发展很快，数量快速增长，在同一区域、同一产业形成了多个合作社并存的状况。由于缺乏相应的行业规范，一些地方农民合作社存在竞相压价、无序竞争的现象，影响到产业的健康发展和合作社的发展壮大。联合社的成立，能够使原来的合作社之间的相互竞争关系，转变为团结协作、优势互补、合作共赢的利益联合体，共同维护市场秩序、促进公平竞争、保护行业利益、实现行业健康发展。

4. 发展联合社是推进城乡要素良性互动、实现资源均衡配置的有效途径

长期以来，我国资源要素配置整体上向城市和工业倾斜，农村土地、劳动力、资金等要素大量流向工业和城镇，影响了农业、农村发展，导致了工农发展失调、城乡发展失衡。联合社在一定程度上突破了乡村的行政区划，打破了行业界限，成为联结合作社与市场、农村与城市的桥梁和纽带，在扩大经营规模、实现范围经济的基础上，增强了经济实力，提高了农业经营效益，有助于吸引城市资金、技术、人才、信息等先进要素进入农业、农村，促进城乡之间资源的良性互动。

三 实践探索：各地发展联合社措施有效、类型多样，目前联合社自下而上、由点到面蓬勃发展

据各地上报统计，全国各类联合社达到6000多家，涵盖成员专业合作社84000多家，带动农户达560多万户。

(一) 各地发展联合社的主要做法

近年来，各地采取有效措施，积极引导农民专业合作社发展联合社，探索出一些切实可行的做法。不少地方赋予了联合社法律地位，构建了规范联合社发展的制度框架。一是制定法规。北京、重庆、山西、海南、江苏、辽宁等12个省份在制定地方性法规时，对联合社的设立运行做了进一步规范。如重庆市规定，两个或两个以上农民专业合作社可以根据自愿、平等原则组成联合社，并享受农民专业合作社的有关优惠政策。海南省规定，联合社经县级以上工商行政管理部门登记，领取农民专业合作社联合社营业执照。二是明确管理办法。天津、湖北、湖南、浙江、山东、河南等省份出台了联合社登记管理暂行办法或意见，对联合社设立的依据、条件、名称和经营范围、登记管辖、设立分支机构、变更注销、监管与服务等方面做了明确规定。三是出台示范章程。浙江省在总结试点经验、广泛征求意见的基础上，制定了专门的《农民专业合作社联合社示范章程》，对联合社的组成成员、经济性质、业务范围和盈余分配等进行了系统规定。

1. 制定扶持政策

一些地方在项目资金、技术培训、金融信贷、品牌建设等方面出台了一系列的政策措施，为联合社的组建与发展提供了重要保障。涉农项目方面，湖北省要求市县乡各级政府对联合社进行大力扶持，并规定在示范社评选和涉农项目申报中向联合社倾斜。财政资金方面，浙江省从2013年起将联合社纳入专项资金补助范畴，并优先安排。陕西省在《农民合作社提升工程项目指南》中明确要求在专项资金安排上给予联合社倾斜，目前已有20多家联合社得到了资金支持。技术培训方面，山东省将联合社列入财政支农的重点扶持范围，利用阳光工程、新型农民培训等项目把联合社纳入优先培训对象。金融服务方面，四川省指导联合社建立健全风险金保障制度、互助担保机制和政策性保险机制，对联合社设立的风险金给予财政补助，鼓励联合社以互助金为基础建立会员担保制，将联合社成员的农产品全部纳入政策性农业保险范围。

2. 强化指导服务

一些地方按照循序渐进、分类指导的工作思路，从内部管理、生产技术、农业信息等方面强化对联合社的指导服务。积极帮助联合社完善内部管理机制，建立健全财务管理、市场拓展、利益分配、风险承担等制度。山东省各级经管部门建立健全了农民合作社联合社联系制度，县、乡辅导员包乡包社，对联合社的管理运行进行重点指导，促进联合社规范发展。加强生产技术信息服务，建立健全农业技术服务制度和农业信息服务网络，广东、安徽、山西等地为联合社免费提供生产技术咨询服务，并组织技术人员为联合社成员提供技术培训。

3. 加强宣传推介

一些地方通过观摩交流、典型推介等多种形式，宣传引导同区域、同行业、同类型农民合作社以产品和产业为纽带，在劳动、技术、产品、资本、品牌等方面开展合作与联合，组建联合社。海南省每年开展合作社巡回宣传，鼓励合作社之间开展横向联合、纵向合作，并树立一批典型，通过巡回宣传小组推介到各市县。陕西省成立了全省农民专业合作社联合会，通过《陕西农民合作社》杂志和网站，积极开展信息交流和业务联合，为合作社之间交流、联系搭建了平台，对促进联合社发展起到了重要作用。

（二）联合社的主要类型

一些地方根据合作社自身优势，结合实际需要，发展了组织形式多样、合作内容丰富的联合社。既有单一品种联合的，也有多品种联合的；既有沿产业链上下游联合的，也有跨行业跨区域联合的；既有合作社自发联合的，也有农业企业牵头联合的。按照经营特点，联合社大致分为以下4种类型。

1. 生产型联合社

这是基于某一种农产品生产，通过专业合作社的联合，以降低生产成本、提高经济效益为目的的合作社联盟。生产型联合社一般具有以下特点：侧重于同类产品的合作社联合，主要生产本地区的某一种名特优农产品；注重引进先进生产技术，提高生产的集约化、标准化水平；进行简单的产后处理和分级包装，多数具有注册商标；销售渠道比较稳定，与加工企业和专业市场联系紧密。这种联合社在农资购买、技术引进、产品销售等方面有规模优势,可以有效降低生产经营成本。江西省上高县汇农种植业合作联社,以"标准化生产、规模化经营、工厂化育秧、机械化操作、现代化管理"为手段,种植优质高产水稻近 0.2 万公顷,不仅降低了农资采购价格,还提高了产品销售价格。山东省诸城市北端茗茶叶生产联合社,积极推行标准化生产,对品种的引进、育苗、施肥、采摘、剪枝及越冬管理等进行了统一技术指导,对茶叶的分级、烘炒、包装做了统一要求,培育了区域品牌,每亩茶园的产值由原来的 2000 元增长到 8000 元。

2. 销售型联合社

这是合作社围绕农产品销售,通过联合专业合作社来丰富产品、稳定供给、增加利润的销售联盟。蔬菜、水果专业合作社多采取这种组织形式进行联合,这也是当前联合社发展的主要类型。这种类型的联合社具有以下特点:主要从事鲜活农产品销售,一般由有固定销售渠道的合作社作为核心发起人,具有冷藏、运输等必要的设施设备,有从事市场营销的专业人员,有的还聘请了职业经理人。这种联合社改变了每个合作社都要跑市场、搞销售的局面,减少了销售环节,摊薄了运营成本,有助于培育品牌、提高效益。相对而言,销售型联合社面临更大的市场风险。江苏省为缓解本地合作社果蔬、水产销售难题,成立了 76 家"苏合"销售联合社,开设了 206 家直营店,配有专门冷链运输车辆,将 1440 多家成员合作社的产品统一销售,2012 年全年销售收入 17.3 亿元。

3. 产业链型联合社

这种联合社由于涵盖了生产、加工和销售各环节,也被称为一体化联合社。这种类型一般由大型专业合作社牵头,围绕优势产业,将上下游各环节的合作社和农资供应、农产品加工流通等企业整合在一起。产业链型联合社具有以下特点:集生产、加工、销售于一体,抗风险能力较强,成员社之间的交易成本和机会主义风险较低,增值效益最大限度地留在联合社内部并按成员社贡献大小进行分配。这是一种比较理想的合作社联合方式。2012 年 1 月,湖北省天门市天惠农业服务专业合作社、阳新县东风农场种养殖专业合作社和武汉天惠生物工程有限公司牵头,联合 102 家种植、养殖、加工、销售等领域的合作社,成立了湖北省武汉天惠种养殖联合社,建立了"楚合"商城。联合社通过提供农业生产资料、实用农业技术、产品销售等全方位服务，标准化生产能力、品牌化销售能力不断提高，已有上百个品种，年销售额上亿元。

4. 综合型联合社

这是在一定行政区域内，各种类型的合作社的联合组织形式。综合型联合社一般由行政部门推动成立，主要发挥规则制定、利益协调、信息交流、行业自律等功能，与上述三种类型联合社相比较，虽然都是在工商部门登记的经济组织，但具有联合会的某些特征。这类联合社基本涵盖了区域内的所有合作社，根据成员社需要提供相应服务，联合社与成员社联系相对松散，很少发生产品交易。河北省灵寿县青同镇农民联合社涵盖了全镇现有的 25 个专业合作社和 6 家龙头企业。联合社指导成员社开展土地入股，协助制定统一规划，发展农业观光示范园，并推动 5 家养殖合作社和养殖企业联合建立沼气设施，实现了养殖废料再利用，改善了社区的生态环境。

四 喜忧参半：联合社发展成效很大，问题也不少

从调研情况看，联合社发展取得了明显成效，但也存在一些突出困难和问题，需要认真总结和深入分析。

（一）联合社发展成效显著

联合社的发展，不仅增强了专业合作社的发展能力，更推动了农业的规模化经营，促进了现代农业产业体系构建，加快了现代农业建设步伐。

1. 规模经济效益显著增强

从各地情况看，联合社的成员合作社少则五六家，多则上百家，有的还吸纳了专业大户，扩大了农业经营规模，在农资采购、农机作业、统防统治、产品销售等生产经营环节取得了明显的规模效益。湖南省隆平高科种粮合作社联合社由 48 个成员社组成，入社成员发展到 18651 户，覆盖 7 市 18 县。通过使用优良品种和新技术，开展统一耕种、统防统治，亩均增产近 100 公斤，降低生产成本 50 多元。江西省彭泽县安泰农机联合社拥有几十台农机具，服务覆盖全县 80% 的地域，通过大面积机耕、育秧、机播、机防、机收等，提高了当地农业经营的规模化、集约化水平。

2. 农业产业链条有效延伸

调研发现，一些联合社通过把不同环节的合作社联合起来，促进了产业链上下游的协同整合；很多联合社还积极发展农产品加工、储藏、运输、销售等业务，拓宽了农业生产经营的增值空间。拥有近百家成员社的北京市密云县板栗联社，建设了冷库，购置了分拣设备，为客户提供冷藏和筛选等初加工服务，使当地板栗的销售价格比周边产区每公斤高出 0.5 元左右。湖南省汉寿县金琮甲鱼专业联合社成立之后，积极向育种和营销领域延伸，开展优良品种选育，并在全国设立了 116 个直销点，逐渐形成了繁育、生产、销售为一体的产业模式。

3. 服务能力明显提升

联合社在注重发挥各个成员社比较优势的同时，通过资源统筹整合，既为成员社提供更价廉、更有效和"适销对路"的生产服务，还能在更大区域和范围内开展单个合作社难以提供的组织协调、风险预警、信用担保、市场开拓等服务。四川省郫县蜀上锦蔬菜合作社联合社由 12 家成员社和 2 家流通企业组成，跟踪分析市场行情变化，指导成员社及时调整种植品种与面积，有效规避了价格波动带来的市场风险。浙江省吴兴区粮棉粮油合作社联合社开展贷款担保服务，由成员社各出资 15 万元存入嘉兴银行，按照 1∶5 放大后贷款规模可达到 1500 万元，满足了各合作社生产所需资金。

4. 先进技术得到推广应用

一些联合社根据自身发展需要，直接与农业科技部门合作推广新品种、新技术，督促成员社大力推行标准化生产，建立农产品质量安全追溯体系。广东省惠州市广博大种植合作联社与省农科院建立合作关系，积极采用新品种、新技术，并请专家学者对疫病防控、田间管理等技术进行指导，提升了产品的科技含量。山东省潍坊市丰谷农产品联合社指导成员社建立了从田头到餐桌的质量追溯制度，不允许质检不合格的产品上市销售。

5. 农民收入快速增加

与单个合作社相比，联合社拥有更大的市场话语权和主动权，不仅提高了产品销售价格，降低了交易成本，还通过延长产业链条增加就业岗位，拓宽了农民增收渠道。山东省潍坊市然中然农产品合作社联合社对成员社生产的山核桃进行统一分级、包装和销售，每千克可以卖到 52～56 元，比单个合作社售价高出 30%～40%。北京兴农鼎力种植合作社联合社为 50 多位农民提供了农机操作、田间管理等工作岗位，人均月工资 2700 元，还缴纳五项社会保险。

（二）当前联合社面临的突出问题

目前，联合社刚刚起步，组建标准也不统一，发展中还存在一些困难和问题。

1. 对联合社的认识不一致

很多专业合作社对什么是联合社、如何组建联合社还不清楚，一些地方的指导部门对发展联合社的重要性缺乏应有认识，也不知道如何指导和规范联合社的建设与发展。有的地方认为联合社就是简单地把专业合作社组织起来开个会、挂个牌，甚至有的地方认为联合社不过是专业合作社的扩大版。个别地方也存在定任务、下指标的问题，极个别地方也存在违背合作社意愿强制联合的现象。一些地方对发展联合社思路不清、方向不明、措施不具体，影响了联合社的健康发展。

2. 缺乏法律政策支持

《中华人民共和国农民专业合作社法》主要是促进合作社建设与发展，对联合社没有涉及。尽管一些省市的地方性法规对联合社做了相应规定，但过于笼统，对联合社的法律地位、法律责任以及登记、管理、扶持等缺乏明确具体的规定，致使一些地方存在联合社登记难、监管不到位、发展不规范等问题。同时，支持联合社发展的政策措施还比较缺乏，现有合作社的优惠政策也没有把联合社纳入支持范围，尤其是缺乏财政、税收、金融、用地等方面的政策措施。

3. 运行机制不健全

一些联合社没有建立管理制度，已经建立的多数也流于形式。有些联合社没有设立相应的决策监督机构，不少联合社出现管理不民主、决策一言堂，甚至被某一合作社完全控制而随意侵害其他成员社合法权益的问题。一些联合社没有建立紧密的利益联结机制，没有按交易量或贡献大小返还盈余，有的甚至没有独立的成员账户和交易记录。

4. 缺乏实用人才

专业合作社普遍面临人才匮乏的问题，联合社更是如此。相比而言，联合社更需要懂经营、善管理、能销售的专业人才。尤其是当前信息技术日新月异、市场行情瞬息万变，发展机会稍纵即逝，对联合社的经营管理人员素质提出了更高的要求。目前，绝大多数联合社的管理人员都由成员社的工作人员兼任，这些管理人员本身文化水平偏低，也没有接受过专业培训，难以适应联合社发展的需要。同时，联合社经济实力不强，工作生活条件相对艰苦，难以吸引和留住大学生等高素质人才。

五 未来抉择：发展联合社的对策建议

发展联合社对建设现代农业、繁荣农村经济、增加农民收入有重要意义，既符合中央精神，也顺应农民期盼和合作社发展趋势，有广阔的发展空间。为引导联合社健康发展，立足联合社发展实践，借鉴国内外经验做法，提出以下对策建议。

（一）合理界定联合社的内涵

目前，各地对联合社的认识不尽一致，认定标准不统一，在实践中做法差异很大，主要参照合作社的组建方式来发展联合社。联合社成员既有合作社，也有企业和专业大户，甚至还有基层涉农部门和退休人员、村干部、大学生等个人，存在参与主体多元化带来的泛化现象。从国外经验来看，联合社基本上是基层社联合组建的。我们认为，联合社应是合作社根据发展需要自愿联合、民主管理的互助性经济组织，是农民及其他农业经营主体在合作社基础上更高层次的再联合、再合作。联合社应是合作社之间的联合，而不应由企业和个人作为成员。确需参加的，可通过参与或领办合作社进入联合社。

（二）严格遵循发展联合社的原则

在发展联合社过程中，要处理好市场决定资源配置和更好发挥政府引导作用的关系。要尊重合作社的主体地位，按照平等、自愿、互利原则，自下而上组建联合社。在发展联合社工作中，政府要引导不干预，服务不包办，不得采取自上而下、行政命令的形式下指标、强联合。要坚持联合社的经济性、服务性、民主性的特征，在功能定位上注重经济性，让合作社通过联合取得经济效益，让农民成员得到更多实惠；在价值取向上体现服务性，坚持服务成员的宗旨，提供低成本、便利化的服务，而不是"建庙供菩萨"，增加合作社的负担；在内部管理上坚持民主性，坚持成员平等、民主办社，体现合作社和广大农民成员的利益诉求，防止"一社独大"、少数人说了算。

（三）赋予联合社法律地位

联合社的发展要有法可依，有章可循。将联合社纳入《中华人民共和国农民专业合作社法》调整范围，赋予联合社法人地位，明确联合社法律责任、设立标准、成员登记、功能定位、运行机制、盈余分配和财务管理等内容。同时修订《农民专业合作社登记管理条例》，对联合社设立、变更、注销及备案登记等事项做出具体规定。指导各地抓紧修订和完善地方性法规。

（四）积极引导联合社规范发展

完善规范的运行机制是联合社健康发展、有效运转的制度保障。一是明确产权。联合社是成员社独立生产经营基础上的联合体。在组建联合社的过程中，应确保成员社资产的独立性，避免成员社功能被弱化，坚决防止财产归大堆。二是建立健全规章制度。指导联合社量身打造具有自身特点的章程，完善财务会计、盈余分配、产品质量控制等各项内部管理制度。三是加强民主管理。充分尊重成员社的主体地位，健全成员大会、理事会、监事会等组织机构，充分发挥其职责作用，强化民主监督、社务公开。

（五）制定扶持联合社发展的优惠政策

从本质上讲联合社就是大型的合作社，应享受合作社的优惠政策。同时，联合社也有区别于合作社的特性，它们对保障粮食安全贡献更大、资金需求更旺盛、系统风险更集中、配套设施建设需求更强烈，要研究制定针对联合社自身特点的政策措施。在农业补贴、项目资金、财政奖补等方面给予倾斜，减免农产品精深加工所得税、增值税，在信用评级、信贷担保、贷款贴息等方面加大金融支持，允许联合社开展信用合作，增加农业保险险种、提高保费补贴标准，优先保障配套辅助设施建设用地。

（六）强化人才培养

联合社不是合作社的简单叠加，其合作层次更高，利益关系更复杂，运行管理难度更大，对人才的要求也更高。要采取"送出去、请进来"的办法，支持联合社将业务骨干送到高等院校、培训机构、营销公司进行专业培训，支持联合社聘请职业经理人、招聘大学生，为联合社引入先进理念和现代管理方式，提高联合社的经营管理能力。

（七）加强生态层面的粮食安全

生态系统的承载力和环境的自净能力都是有限的。倘若化肥、农药、地膜等造成的土壤污染、水体污染不断加重，遭受其影响的生态系统总有一天将无法继续成为人类的栖息地。如果适宜人类栖息的生态系统占生物圈的份额不断降低，人类生存发展的外部环境就会变得越来越差。这种结果绝不会因为不观察或观察不清楚而改变。可持续的粮食安全，是有资源保障和生态保障的粮食安全。因此，我们不能只关注易观察到的产品层面的粮食安全，忽略不易观察到的生态层面的粮食安全。相比较而言，产品层面的粮食安全可以借助于两个市场来解决，资源层面的粮食安全可以借助于两种资源来解决，而生态层面的粮食安全必须依靠自己来解决。所以，生态层面的粮食安全是更重要的粮食安全，也是各级政府必须履行的更为重要的责任。

（八）加强消费层面的粮食安全

粮食安全还同消费有关。我国粮食消费中存在四个问题。一是自然损耗大。每年因遗撒、霉变、虫鼠害等因素造成的粮食损失高达250亿千克，农民储粮损失175亿千克。二是加工损耗大。2011年全国稻谷产量20078

万吨，由于加工精度过高，实际生产 12015 万吨大米，少产出 195 亿千克大米，小麦的情况也一样。三是变性损耗大。我国玉米深加工的总体产能稳定在 7750 万吨左右，相当于国内玉米产量的 47%。深加工不仅把玉米变性为非粮食，还把玉米中的一些营养物变性为污染物，由此产生的高浓度有机废水污染又成为环境治理的重要任务。四是消费损耗大。现在不仅宾馆、工厂、学校、机构中的食堂里粮食消费损耗大，家庭里的粮食消费损耗也较大。

假如相关措施都落实到位，全国可以减少粮食损耗 835 亿千克，加上严格控制粮食变性加工措施，一年可以减少 1200 亿千克的粮食消费。这样，我国的粮食安全就一定会得到更有力的保障。

（本文原载于《中国农民合作社》2014 年第 4 期）

合作社联合组织四大问题待解

李春艳[*]

《中华人民共和国农民专业合作社法》（以下简称《农民专业合作社法》）颁布实施以来，一场农民在生产销售等领域的合作大潮在全国农村铺天盖地般地展开了。但是，随着农业产业化经营的发展和市场竞争程度的不断提高，单个合作社规模小、市场竞争能力不强，逐渐成为制约合作社发展的"瓶颈"。由此，一些合作社或与企业联合，或与其他合作社联合，成立了联合组织，以求形成规模优势，提升市场地位。然而，如同任何新生事物一样，联合组织在发展过程中，也面临着种种问题。

一　法人身份需明确

2010 年，山西省晋中市榆次区锦宏养殖专业合作社牵头，联合晋中富有养殖合作社、晋中儒牛养殖合作社、祁县开明养殖合作社、阳曲四海养殖合作社等合作社及晋佳食品有限公司，成立了山西犇牛联合社。正当联合社的社员们热情高涨时，却碰到了一件极为棘手的事情——联合社无法办理工商注册手续，这着实急坏了联合社的社员们。

"成立联合社，我们地方农经部门挺支持的，可由于法律没有明文规定，工商部门也挺为难的，目前还没有给注册。"山西犇牛联合社的理事长非常无奈地说。没有工商注册，联合社就不能成为法人，商标的注册、品牌的建设都是空谈。出去与企业签协议，联合社也会受到对方的质疑，发票的开具也只能从各个合作社走账，总之，联合社的活动处处受限。好在省工商局已经开始对合作社联合社的登记注册进行试点，犇牛联合社也

* 李春艳，齐齐哈尔大学经济与管理学院教授。

有望完成相关手续。遭遇无法登记注册的联合社并非犇牛联合社一家，这是因为，《农民专业合作社法》虽然明确了农民专业合作社的法人资格和市场地位，但是，整部法律没有合作社进一步联合的规定，未出现"农民专业合作社联合社"的相应条款。因此，多数联合组织只能以社会团体的身份进行登记，由于市场主体身份不明确，联合组织开展生产经营活动必然举步维艰。

目前，尽管一些地方出台了扶持合作社联合组织发展的法律政策规定，但从保障交易安全和维护市场秩序的角度看，联合组织的法律地位、性质，以及联合组织与基层社的关系等相关问题，还需要由国家从法律层面来进行明确。

二 资金来源需扩大

资金来源问题是绝大多数合作社联合组织面临的另一个难题。

目前我国一些联合组织的资金主要来源于政府财政扶持，一旦财政断奶，联合组织就犹如被扼住咽喉一般，难以为继。除财政扶持外，部分联合组织还开展了一些农业社会化服务，收取服务费，以维持正常运转，但这部分费用可谓杯水车薪。成立于 2006 年的北京市密云县奶牛合作联社已经注入的资金，主要依靠财政扶持、外部贷款和拆借。唯一的经营性收入是奶牛合作联社每年向乳品加工企业收取的 30 余万元鲜奶运费，在扣除运输成本、工作人员工资、办公支出等 20 万元后，仅剩下 10 万元作为联合社运转的经费。

也有部分联合组织由其成员，即基层社以参股或缴纳会费的方式，吸纳注册资金，保障正常运转。如山西省运城市的晋福食用菌合作社联合社，由运城市盐湖区福源食用菌专业合作社、福路食用菌专业合作社、福鑫食用菌专业合作社等 5 区县 8 个合作社联合组成，注册资金为 1065.4 万元，成员 549 户。尽管一些联合组织已开始尝试此种模式，但操作推广还有一定的难度。北京市密云县奶牛合作联社在章程中规定，基层社按照每头牛 50～500 元缴纳股金，但是在实际操作过程中，因为理事会认为时机尚不成熟，这一条基本没有执行。

此外，还有一些联合组织有名无实，只是一副"空架子"，没有独立的财产，正常的服务和运转更是无从谈起。

显然，当前我国合作社联合组织面临的困境是：资金来源单一，致使运转不畅，无法有效提供服务，从而影响联合组织的健康发展。而如何拓展资金来源的渠道还有待研究。另一个困境是：我国的联合组织在发展过程中，是否需要由基层社出资，筹集一定的资金，以作日常的业务开支费用？这一问题目前尚无定论，各地的做法也各异。关键的问题在于，若需要，这笔资金应以何种方式筹措（如以参股或缴纳会费方式），才能既保障各基层社权利义务同等，又避免一社独大的局面出现？如若不需要，联合组织与基层社的关系又如何维系？

三　扶持力度需适当

合作社联合组织在我国尚属新生事物，单个合作社在开展具体业务时备显单薄，它们虽然有走向联合的内在动力，但是，对于成立联合组织的风险承担、运作资金来源、如何整合基层社等问题，往往头绪混乱，苦无良策。在此情形下，依靠合作社自身的力量，自发自觉地成立联合组织不太现实，而政府的引导扶持则是一个必要的推手。但与此同时，也滋生出另外一个问题：如何保持一个合适的"度"，到位而不越位，引导而不干涉，扶持而不包办，这在现实中似乎较难把握。

不可否认，在联合组织成立之初，政府必要的扶持推动是不可缺少的，但是在联合组织后期的生产经营服务过程中，政府如何把握扶持的尺度和力度，将基层社的需要与政府的积极引导作用有效地结合起来是至关重要的。如若不然，基层社的民主决策、民主管理权利难以保障，那么合作社联合组织的成立也就失去了立足之本。

四　联合之后路在何方

中国有句古话："打江山易，守江山难。"合作社联合组织亦是如此，并非一联即兴。合作社联合只是一个新的开始，而联合之后，路在何方？

目前，很多合作社联合组织希望借助农业龙头企业的力量扩大市场份额，这虽是条捷径，却摆脱不了对企业的依附，最终会受制于企业。北京市密云县奶牛合作联社，这个曾经得到政府大力支持、投资近千万、鲜奶生产规模占全县 70% 的联合社，由于无法与伊利等大型奶企博弈，而名存实亡。同样地，山西犇牛联合社理事长也愁眉不展地告诉记者，联合社虽然成立了，但与此同时，与它有着紧密业务关系的几家奶企，也开始联合起来统一竞价，联合社还是无法和企业博弈，发展举步维艰。

也有人认为，合作社联合组织要发展壮大，延伸产业链，拥有自己的加工企业或建立稳定的销售渠道不失为一个有效的方法。成立于 2009 年 6 月的扬州市润泽农产品销售专业合作联社，是江苏省较早成立的以销售农产品和地方特色产品为主的合作联社。22 个成员合作社作为全市 900 多个合作社的代表，抱团进城，设立了农产品专卖窗口。理事长苏立宏说："市场竞争的环境下，合作社赢利和带动农户增收的能力会受到限制。但是通过'抱团进城，合伙开店'，建立合作社农产品超市，却可以实现有效销售，让农民获利。"

为了延长产业链条，获取更多利润，国外成熟的合作社或联社一般也都有自己的公司。例如，德国埃德维希特市的诺德乳业是德国最大的乳品公司，其股东就是合作社（德国奶牛合作社规模较大，组织程度类似于国内的联合社）的 8000 户农户。在整个德国，拥有牛奶加工厂的合作社几乎占到总数的 1/5。

当前，随着合作社再联合的呼声愈来愈高，各地都先后不同程度地走上了尝试的道路。但是，发展合作社联合组织不是目的，而是手段，最终是为了促进现代农业发展，促进农民增收，提高农产品市场竞争能力。而如何最大限度地发挥联合组织的作用，还需要实践者不断探索，也需要立法部门给予法律保障，唯有此，合作社联合组织才能获得长足健康的发展，才能迎来发展的春天。

（本文原载于《农村经营管理》2011 年第 4 期）

创新农民专业合作社联合社登记制度

方云中　王　祥*

近年来，伴随着农村合作经济的不断发展，合作经营的规模化、产业化竞争优势日益深入人心。但是由于农户本身经济实力有限，导致多数合作社的规模和竞争力仍然相对有限。因此，中小合作社的发展在向规模化迈进的时候，就不得不面临进一步扩大经营规模和自身条件不足的矛盾。随着外部市场竞争的不断加剧和合作社业务量的不断扩大，这一矛盾日益明显。为进一步促进新农村建设，扶持区域经济发展，本文拟从登记工作实际出发，结合合作社联合社及区域实际，对农民专业合作社出资主体范围的合理延伸及相应的登记模式做初步探讨。

一　农民专业合作社发展中的主体联合需求与法律限制间的矛盾

自 2007 年 7 月 1 日《中华人民共和国农民专业合作社法》（以下简称《农民专业合作社法》）实施以来，农民专业合作社的发展已三年有余。合作社的成立使得原先处于弱势的零散农户在降低交易成本、实现规模经济、改善市场地位、提高市场竞争力等方面获得了巨大收益。

专业合作社规模经济的发展，提高了农业产业化的经营水平，推动了农业产业结构的调整和优化，促进了农业经济规模化经营和标准化生产，带动了特色农产品的蓬勃发展。但是，由于广大合作社成员本身经济实力有限，广大中小型合作社进一步扩大经营规模就必然面临着客观条件的制约。为此，农民专业合作社联合社这一新生事物应运而生。

---

　*　方云中、王祥，上海工商局崇明分局工作人员。

在当前法律框架下，农民专业合作社联合社的独立主体资格（包括主体资格及经营资格）在全国范围内尚未被完全确认。目前，仅有少数地区在地方性法规或行政规章中明确了该类经济实体的性质及登记形式，大部分地区的合作社联合社的立法和登记工作还停留在尝试或观望阶段，使得部分合作社联合社在打响联合产品品牌、进行大单交易以及进一步掌握市场主动权等方面，受到了一定的限制。

一方面，联合社所具备的种种优势相对于零散农户更加明显。例如，芦笋为上海市崇明县当地的特色农产品之一，其独特的口感及富含的营养成分使得这一特色农产品在上海地区乃至全国范围都享有了一定的知名度。不少农户因此成立了专门的芦笋种植专业合作社，并逐步走上增收致富的道路。为进一步扩大市场影响，辖区内以"上海绿笋芦笋专业合作社"为首的 6 家果蔬种植合作社自发组成了产销一体化、同步化的联合社，并自 2010 年 3 月起开始试运行，截至同年 7 月，已实现销量 432 万市斤、产值 1379 万元、均价 3.19 元/市斤，同比上升 14.75%；由于联合社实现了信息、技术共享，成员社的种植技术水平得到普遍提升，芦笋平均产量由 650 市斤/棚增至 738 市斤/棚，增幅 13.5%；每棚收益也由 1807 元增至 2354 元，净增 30%。同时，联合社自身还通过统一规划物流运输、仓储保藏等手段直接实现利润 60 余万元。近期联合社还准备向市场打出自主品牌，并将已申请的注册商标予以推广。由此可见，联合社的效应不仅体现在生产经营规模的扩大、市场面的拓展、市场定价权的提升、经营成本的降低上，还体现在生产技术水平的提高和品牌效益的推广上。如此"利社利农"的举措，必然有其生存和发展的巨大潜在需求。为此，在上海市工商局的大力支持下，2010 年 9 月 3 日上海市首家专业合作联社——上海崇明芦笋种植专业合作联社——在崇明工商分局正式登记注册，并在法律框架内首次实现了两个突破：一是突破了农民专业合作社的名称表述，首次使用了"专业合作联社"字样；二是突破了成员组成方式，联社成员全部为已成立的农民专业合作社。

另一方面，《农民专业合作社法》第 15 条明确规定："农民专业合作社的成员中，农民至少应当占成员总数的百分之八十。成员总数二十人以下的，可以有一个企业、事业单位或者社会团体成员；成员总数超过二十人的、企业、事业单位和社会团体成员不得超过成员总数的百分之五。"由此可以认为：当前合作社的成员组成中80%以上必须为农民身份的自然人。农民专业合作社联合社由有联合需要的各个农民专业合作社法人组成，显然与《农民专业合作社法》不符，而当前也并没有专项的法律规定对这一联合体的存在形式予以确认，这就导致合作社联社面临法律上的尴尬地位，这同时也是大多数地区至今不敢进行登记创新的主要原因之一。鉴于此，随着合作社经济的不断发展壮大，其主体联合需求与法律限制间的矛盾愈发尖锐。

二 农民专业合作联社出资主体范畴的合理延伸及理由

合作社发展中主体联合需求与法律限制的矛盾客观存在。我们无法抹杀经济发展中的客观需求，解决矛盾的关键点就在于如何实现法制上的突破或政策上的创新，为其可行性寻求合理的支持。

现行的做法主要有两种：一种是引导合作社联合体设立社团法人，以协会或其他方式取得法律地位；另一种是在农民专业合作社类型法人的基础上进行突破，成立同样为农民专业合作社法人的联合社。两种方案相比，前者方式简便，不突破当前法律框架，但缺陷在于因不具备经营资格，无法直接参与经营活动，不能有效代表成员社对外开展业务活动，也因而对成员社缺乏必要的约束和管理能力。而后者虽形式上突破了现有法条内容，从经营管理模式的角度上却完全契合合作社实际发展需求，较易于被广大合作社所接受。在当前合作社经济发展的形势下，笔者比较赞同后一种做法。当然，不排除有需求、有条件的合作社结合两种方案同步进行。

同时，从我国各地区的做法来看，也早有先试先行者对此进行了大胆的创新和突破。早在2008年，中国社会科学院农村发展研究所苑鹏就对北京市密云县奶牛合作联社的典型案例展开研究分析，并形成了三个基本推论：第一，走向联合是农民专业合作社发展的必然趋势，但联合的形式是开放式还是封闭式并无固定范式；第二，政府对于合作社联合社的扶持不可或缺，但应当有个"度"的界限；第三，合作社联合社的发展道路并不一定要"自下而上"，关键在于基层社是否存在对联合的强烈需求，在于联合社的运行能否坚持独立、自治、民主的精神。江苏省于2009年11月23日通过的《江苏省农民专业合作社条例》更是以地方性法规的方式明确了"两个以上农民专业合作社可以设立农民专业合作社联合社。农民专业合作社联合社可以参照本条例的有关规定，依法登记，领取农民专业合作社法人营业执照"。由此可见，不论是在联社的实际运作上还是在相关的法制建设上都已有成功的经验。

再者，《农民专业合作社法》明确了农民专业合作社的法人地位，也就肯定了合作社对外进行投资的合法主体资格。同时从《农民专业合作社法》立法本意出发，"促进农业和农村经济的发展"才是关键所在。而正如诸多实例所证，联合社的成立所带来的种种经济效应无疑是有利于"促进农业和农村经济的发展"的，虽然从形式上看，联合社的成员为农民专业合作社法人而非自然人，但是从农民专业合作社法人本身的成员构成上看，同样也是由80%以上的农民所组成，所以从联合社成员组成的本质上说，以合作社作为联合社的成员亦符合有关的法律精神。

三　农民专业合作社联合社登记模式探讨

农民专业合作社联合社是合作社经济的新生事物，上海地区尚未出台专项登记管理规定。为此笔者结合当前上海郊县合作社发展的实际，以农民专业合作社联合社作为农民专业合作社法人登记为前提，对当前的登记模式提出初步建议。

第一，登记制度立足于现有登记法规，并在条件成熟的情况下将联合社的登记上升至立法层面。若联合社以农民专业合作社法人的形式进行登记，则登记模式应当遵守《农民专业合作社登记管理条例》的有关规定（部分对成员限制的条款例外）。登记程序上可参考现行的合作社登记注册程序，对于符合条件的，登记注册后颁发农民专业合作社法人营业执照，免收登记注册费。当然，为进一步确认其法律地位，在条件成熟的情况下，可考虑通过立法手段明确其为农民专业合作社法人。

第二，业务范围的限定应考虑联合社的特殊作用，对《农民专业合作社法》所规定的范畴进行合理延伸。联合社与合作社的最大区别在于其作为成员社的统筹部门所具备的统筹经营管理的职能，《农民专业合作社法》第2条明确规定，"农民专业合作社以其成员为主要服务对象，提供农业生产资料的购买，农产品的销售、加工、运输、贮藏以及与农业生产经营有关的技术、信息等服务",并未对合作社具体可经营的业务范围做明确限制,其中"农业生产经营有关的技术、信息等服务"从字面上可以理解为已涵盖了合作社的经营管理职能。为此,建议联合社的业务范围除基本的与农业生产经营相关的具体范围(如种植、养殖、技术服务等)之外,可以增加有关业务范围,表述为"为成员社提供市场经营、生产管理的有关技术、信息服务"。

第三,登记材料的提交和审查应建立相关的标准,区别于普通农民专业合作社法人。基于联合社成员的特殊性,提交和审查登记材料的有关标准和要求也应有所改变。一是开放联合社的名称预先核准登记,允许2个以上合作社成立联合社,名称字号组成为"行政区划" + "字号" + "行业表述" + "组成形式"(专业合作社联合社或联社);二是成员主体资格的证明文件由身份证、户口簿等文件统一变为成员社的农民专业合作社法人营业执照复印件;三是不再审查成员的农民身份,但出于行业联合的考虑,应对成员社的行业类别是否相同或相近进行审查;四是对当前农民专业合作社登记的软件系统进行相应调整。

第四,基于联合社的特殊成员结构,应当对其组织结构进行合理的设置和规范。联合社成员的独立法人性质决定了其与普通合作社不同的运作模式。因此,成员大会由全体成员社组成,理事长、理事、监事等可由成员社进行委派,具体人选的产生建议可参照合伙企业执行事务合伙人、委托人的产生模式。另外,联合社的章程应当注明其组织机构的具体产生方式。

第五,政府职能部门应形成合力,扶持引导合作联社的发展并逐步规范。任何新兴事物,特别是新型农村经济组织,在发展初期不可能是尽善尽美的,甚至可能隐藏着一定的政治或法律风险,其发展及后续监管模式也有待于进一步探索和研究。立足政府职能部门"服务人民,服务社会"的角度,应倡导"先发展后规范"原则,形成合力,尽可能在法律框架允许的范围内为区域社会经济的健康发展铺平道路,持之以恒地进行探索、研究,并逐步完善。

(本文原载于《中国工商管理研究》2011年第2期)

修改《农民专业合作社法》要注意几个问题

张晓山[*]

一 修改《农民专业合作社法》是实践发展的迫切需要

近年来，随着农村分工分业深化、农民分层分化加快，农民合作的愿望越来越强，合作内容、合作层次、合作领域的需求更加多样，推动了农民合作形式的多元化发展。在以农业产业开发和农产品生产经营为纽带的专业合作社以外，涌现出社区股份合作、土地股份合作、信用合作、联合社等多种类型的农民合作社，这些都是农民群众在实践中的探索，符合农民群众的需要，一些地方的配套法规对此也予以了肯定。但是，这些类型的合作社突破了专业合作的界限，超出了《农民专业合作社法》的适用范围。需要尽快修改《农民专业合作社法》，增加法律调整对象，为多元化多类型农民合作社的发展提供法律依据。

二 修改《农民专业合作社法》是中央的明确要求

中央根据近年来合作社发展的新形势和新变化，做出了大力发展农民合作社的重大决策部署。2013 年 3 月 8 日，习近平总书记在参加十二届全国人大一次会议江苏代表团审议时指出，农村合作社就是新时期推动现代农业发展、适应市场经济和规模经济的一种组织形式。2013 年 3 月底，李克强总理在江苏考察时指出，股份合作、专业合作等适度规模经营是发展现代农业的有效载体，它代表着一个大方向。党的十八大强调发展农民专业合作和股份合作，十八届三中全会提出鼓励农村发展合作经济。2013 年

---

* 张晓山，中国社会科学院学部委员，全国人大农业与农村委员会委员。

中央一号文件明确要求"抓紧研究修订农民专业合作社法"。2015 年中央一号文件继续提出要"适时修改《农民专业合作社法》"。为全面贯彻落实中央要求和部署，应当按照"农民合作社"的新内涵，修改《农民专业合作社法》，为农民合作社健康发展提供更有力的法制保障。

三　修改《农民专业合作社法》是社会各方面的强烈呼吁

基于加快推动农民合作社发展的目的，在制定《农民专业合作社法》时，考虑到我国农民的实际情况，对设立合作社的标准条件、管理制度规定得相对宽松，也没有明确严格的退出机制，一些合作社出现了管理不民主、财务制度不健全等突出问题，甚至出现了"挂牌"、"冒牌"、"空壳"合作社的现象。针对这些问题，社会各界强烈呼吁尽快修改《农民专业合作社法》，建立健全相关监管制度，以促进农民合作社持续健康发展。近年来，一些全国人大代表、政协委员提出建议和提案，建议对《农民专业合作社法》进行修改完善，为提升农民合作社引领带动能力和市场竞争能力提供制度保障。

围绕党的十八大、十八届三中全会关于鼓励发展专业合作和股份合作等多元化多类型合作社这一总体要求，关于修法的基本思路和指导原则主要把握以下几点。

（一）坚持大稳定与小调整相结合

《农民专业合作社法》实施 7 年多来的实践证明，其立法的指导思想、法律的基本架构、确立的原则制度仍然具有很强的现实指导意义。修法是部分修改，不是全面修改，可改可不改的暂不改。在保持现行法律总体框架、基本原则和核心制度稳定的前提下，重点修改不符合合作社发展实际的规定，适当调整完善专业合作以外的合作内容。同时，力求进一步增强法律条文的针对性和操作性。

（二）凝聚共识，获取最大公约数

在当初起草《农民专业合作社法》时，对一些问题存在不同的观点，对一些条款也有不同意见。这次修改，不是要把立法时就有争议、没有解决的问题重新翻出来,而是寻求各方观点的最大公约数。对认识比较一致、条件成熟的,予以补充修改进入该法。对认识尚不统一的,暂时搁置,随着实践的发展做进一步的研究和探索。

(三) 坚持顶层设计与基层实践相结合

农民合作社作为重要的新型农业生产经营主体,既涉及农民的经济利益和民主权利,又关系农业现代化建设、农村经济发展和社会稳定。在修改完善农民合作社法律制度过程中,坚持从全局性、方向性上进行总体把握。同时,考虑到我国各地经济发展水平和农民的文化观念差异,合理吸收地方农民合作社立法经验和各有关部门促进农民合作社规范化建设的政策措施,将实践证明行之有效的做法上升为法律,以体现法律的适应性和指导性。

(四) 明确修法的目的及基本宗旨

2006年制定的《农民专业合作社法》是一部促进法和保护法。促进什么?保护谁?在农业经营主体多元化的大背景下,这部法的立法和修法的目的是保护小规模农户的利益,提高他们的组织化程度,帮助他们向规模化、专业化、市场化转型。没有家庭经营的农业,就没有农业合作社。农民专业合作社首先要为从事家庭经营的农户服务,在这个立场上来处理资本所有者与小规模生产者之间的利益关系。

(五) 坚持合作社基本原则与尊重农民自主权相结合

农民合作社是农民群众自我管理、自我服务的互助性经济组织。其质的规定性体现在合作社所有者与服务使用者(惠顾者)身份的同一,决策建立在人本基础上的民主控制。修法既要坚持合作社的基本原则,体现成员所有、成员控制和成员受益的基本属性,又要广泛调动农民群众的积极性,充分尊重农民的主体地位和首创精神。在修法中,对农民合作社经营决策、机构设立、盈余分配等内部事务,在法律规定范围内,授权合作社章程或成员大会决议自主决定,也为未来农民合作社的创新发展留出适当空间。

不管是决策层还是实践界,对如何修改《农民专业合作社法》都有很多期待和不同的看法，可以说讨论激烈。我认为，当前修法，主要涉及以下几个问题。

1. 关于法律名称

随着城镇化的快速推进和农村劳动力的大量转移，农业规模化经营呈现快速发展趋势，农民对于联合与合作的意愿更加强烈，对合作内容、合作层次、合作形式的需求呈现出多样化、多元化的趋向，涌现出专业合作、股份合作、信用合作、劳务合作等各种类型的合作社。出现了专业化基础上的综合化发展趋向；同时，农民对合作社提供服务的需求也日益多样化，远远超出了同类农产品或者同类农业生产经营服务的范围。合作社业务也越来越多样化。因此，建议将《中华人民共和国农民专业合作社法》的名称修改为《中华人民共和国农民合作社法》。有的专家提出，为便利起见，法律名称可以沿用专业合作社，但将外延扩大，这个问题可以再商讨。

2. 关于成员资格界定

修法有关成员资格界定的基点是尊重成员资格的多样化，但底线是以从事农业生产经营的农户为成员主体。

中国处于传统农村社会向现代社会转变的社会转型期，处于传统农业向现代农业的转换阶段。在这个进程中，中国农业发展模式将呈现混合型、多样化的特点，多种经营主体并存的局面将长期存在。农民的概念必然要发生变化，职业概念和身份概念长期并存，农民的概念将呈现多元性的特征。立法和修法支持的权利主体首先是拥有家庭承包经营权、经营农业、收入主要来源于农业的农户。

具有成员资格的也包括一部分直接从事初级产品生产或从事农业服务的农业企业。有的专家提出团体成员应该限定为小微涉农企业，这个问题还可进一步讨论。为了确保我国的农业产业安全和农民合作社的健康发展，防止外商通过领办参办合作社，从源头上控制我国粮食生产，在农村地区渗透境外意识形态，对我国粮食安全和农村基层治理机制产生不利影响，建议将现行法中的"企业"进一步限定为"中国内资企业"。

由于现行《农民专业合作社法》中没有明确规定农民成员是自然人还是农户，在实践中对这一问题的理解和操作存在一定差异，有的合作社将自然人作为成员，有的将农户作为成员，致使有些合作社按自然人分配投票权，治理机制出现了偏差，影响了内部利益关系。明确以户为成员，有利于与农村家庭承包经营制度相一致。此外，随着城乡户籍制度改革的推进，未来的农民只是一种职业的体现，为了承袭本法对原界定的农民成员权益的保护，建议修法时将农民成员明确为"拥有农村集体土地家庭承包经营权的承包经营户"。

在国有农场参照适用方面，建议规定"国有农场职工家庭承包经营户兴办的农民合作社参照本法执行"。

3. 关于承包土地经营权作价出资

随着农村家庭承包经营制度进一步完善，农村土地承包经营权确权登记颁证工作深入开展，农民家庭承包土地的权能不断丰富，以承包土地经营权出资、兴办土地股份合作社的现象越来越普遍。党的十八届三中全会通过的《中共中央关于全面深化改革若干重大问题的决定》强调指出："依法维护农民土地承包经营权……赋予农民对承包地占有、使用、收益、流转及承包经营权抵押、担保权能，允许农民以承包经营权入股发展农业产业化经营。"习近平总书记在2013年12月23日中央农村工作会议上的讲话中指出，"土地承包经营权主体同经营权主体发生分离，这是我国农业生产关系变化的新趋势，对完善农村基本经营制度提出了新的要求，要不断探索农村土地集体所有制的有效实现形式，落实集体所有权、稳定农户承包权、放活土地经营权"。为了保护农村家庭承包经营户在合作社中的利益，完善合作社出资结构，建议修法时增加承包土地经营权作价出资入股合作社的内容。

4. 关于联合社

单个合作社经营规模普遍较小，经济实力不足，发展能力不强，难以有效应对激烈的市场竞争，迫切要求加强联合与合作。截至2013年底，全国不同类型的联合社达6000多个，涵盖成员合作社8.4万家，带动农户560多万户。现行的《农民专业合作社法》对联合社没有做出规定，制约了联合社的发展。尽管目前13个省（自治区、直辖市）地方性合作社法规对联合社的注册登记做了原则性规定，但由于缺乏上位法依据，地方立法处于一种尴尬境地，对联合社的具体制度难以做出可操作性的规定。为此，建议修法时对联合社的注册登记、组织机构、成员身份及其权利义务、治理结构、盈余分配和其他相关问题的法律适用做出具体规定，且只针对经营实体型的联合社，不包括社团型的联合社。

5. 关于信用合作

农民合作社信用合作是在生产合作基础上派生出来的，服务于产业发展，增强了合作社的服务功能。中央鼓励合作社开展信用合作，有五个中央一号文件提出了明确要求，党的十八届三中全会做了进一步强调。一些合作社开展了信用合作业务，据各地的上报统计，截至 2014 年 3 月底，全国开展信用合作的合作社达到 2000 多家，参与信用合作的成员 19.9 万户，累计筹资 36.9 亿元，累计发放借款 42.4 亿元，缓解了农民合作社成员生产经营资金不足的问题。农民合作社内部信用合作是依托农民合作社，以成员信用为基础，以产业为纽带，由全部或部分成员自愿出资，为成员发展生产提供资金服务的金融业务活动。它自身还有两个重要的特点：第一，它不是专门的金融机构，只是合作社内部封闭运行的一项业务活动；第二，它派生于生产合作、服务于产业发展，具有鲜明的产业性。合作社的产业延伸到哪里、成员发展到哪里，信用合作业务就可以覆盖到哪里。鉴于信用合作风险较高、专业性较强，建议修法时对农民合作社开展信用合作的原则、资金的使用管理等方面做出相应规定，加强信用合作的制度约束，强化风险防控措施。

6. 关于社区股份合作社

近年来，随着农村集体产权制度改革深入推进和城镇化进程加快发展，一些地方出现了农民自发组建的社区股份合作社。党的十八届三中全会通过的《中共中央关于全面深化改革若干重大问题的决定》明确指出："保障农民集体经济组织成员权利，积极发展农民股份合作，赋予农民对集体资产股份占有、收益、有偿退出及抵押、担保、继承权。"社区股份合作社作为我国村级集体经济存在和发展的一种外在形态和组织载体，在农村集体产权制度改革和发展壮大农村集体经济过程中具有重要意义，迫切需要赋予其法律地位。但考虑到农村集体经济有效实现形式仍在积极探索中，社区股份合作社涉及的成员边界、财产关系、组织功能等方面都具有特殊性和复杂性，建议修法时提出原则性规定：农村集体经济组织在产权明晰的基础上，可以组建社区股份合作社，具体办法由国务院规定。

四　关于主管部门

近年来，农民合作社蓬勃发展，对政府的指导扶持服务提出了更为明确具体的要求。现行的《农民专业合作社法》第9条提出："县级以上各级人民政府应当组织农业行政主管部门和其他有关部门及有关组织，依照本法规定，依据各自职责，对农民专业合作社的建设和发展给予指导、扶持和服务。"实践中，主管部门不明确已经成为一些农民合作社财务管理不规范、治理机制不健全、利益分配不公平、国家财政补助形成的利益不能均享、小规模农户成员利益得不到保护的一个重要原因。同时，由于涉及农民合作社发展的部门之间职责不清，在制定合作社发展政策、为合作社提供资金项目支持、确立合作社规范发展的标准、查处合作社违法行为、保护合作社及其成员利益等方面存在着扯皮推诿、监管不力等问题，迫切需要在法律中建立一个对农民专业合作社进行有效管理的体系。由于这个问题涉及多个部门，较为敏感，建议在地方政府各个相关部门之上成立一个协调领导小组来统一指导、扶持、服务、协调和监管农民专业合作社。

（本文原载于《中国农民合作社》2015年第4期）

完善《合作社法》的相关建议

孔祥智*

《中华人民共和国农民专业合作社法》（以下简称《合作社法》）自2007年7月实施至今已8年，极大地促进了农民专业合作社的发展。但8年的发展也暴露了《合作社法》存在的一些缺陷，《合作社法》已经不能满足广大农民合作的需求，应该进行修订。2013、2015年两个中央一号文件都明确提出修法要求，一些合作社理事长基于自己的实践也提出了修法要求。根据笔者的调研，以下几个问题需要在修改法律时予以解决。

一 盈余分配问题

《合作社法》第37条规定："可分配盈余按照下列规定返还或者分配给成员，具体分配办法按照章程规定或者经成员大会决议确定：（一）按成员与本社的交易量（额）比例返还，返还总额不得低于可分配盈余的百分之六十；（二）按前项规定返还后的剩余部分，以成员账户中记载的出资额和公积金份额，以及本社接受国家财政直接补助和他人捐赠形成的财产平均量化到成员的份额，按比例分配给本社成员。"明确表示合作社的盈余是由交易量产生的，没有交易量，就没有合作社盈余。这在逻辑上当然是没有问题的，但问题在于：交易量是怎样产生的？

从可以查到的资料看，按交易量或交易额分配盈余，是自罗虚代尔先锋社开始的。由于罗虚代尔先锋社是世界上第一个比较标准的合作社，因此，包含分配原则的罗虚代尔原则被1895年成立的国际合作社联盟所采纳，此后，虽经过多次修改，但分配原则始终是国际合作社联盟所倡导的

---

* 孔祥智，中国人民大学农业与农村发展学院教授、中国合作社研究院院长。

分配原则的重要内容。但随着形势的变化，按交易量（额）分配在总的分配额中所占比例逐渐下降。

从发达国家看，不论消费者合作社，还是生产者合作社，同质性的比例较大，而当前我国的农民专业合作社，大都呈现出较强的异质性特征，主要表现在以下4个方面。（1）初始资金投入的差异较大。一般情况下合作社的初始资金为理事长或者少数核心成员所投入，一般成员不投入或者投入较少。（2）投入的固定资产差异较大。合作社的固定资产，包括办公用房、办公设备等一般为理事长或者少数核心成员提供。（3）投入的劳动量差异较大。合作社的经营管理工作一般由理事长或者最多由几个核心成员打理，一般成员很少投入或者投入很少。（4）交易量差异较大。种植大户带动的农民专业合作社一般为：大户的种植面积、产品产量、交易量都远大于一般成员；而销售大户带动的农民专业合作社，大户可能没有用于交易的产品，它的作用仅仅是销售。从上面的分析可以看出，交易量存在的基础是资金、固定资产、劳动等要素的投入，如果合作社盈余主要按照交易量（额）进行分配，显然是极不公平的。北京市郊区一些地方依据《合作社法》规范专业合作社的发展，把多元化的分配方式调整为主要按照交易量分配，极大地打击了理事长等核心成员的积极性。

解决这个问题有三个途径：一是要求成员都入股，每一个合作社成员都要规定基本股金，强调基本股金是按交易量分配的依据；二是对个别股金较多的成员，超过基本股金以上的部分按照银行利率给予分红，或者规定合作社盈余的一定比例用于股金分红；三是对于包括理事长在内的少数核心成员的劳动投入要通过付给报酬给予承认。建议这次法律的修改，可以借鉴国际合作社联盟倡导的做法，规定保证合作社运转的基本股金，并以此作为按交易量分配的依据。

二 联合社问题

由于多方面的制约，《合作社法》没有涉及合作社之间的联合，即联合社问题，这是本法的最大缺陷之一。实际上，近几年来，很多省、市出台的地方性法规都鼓励合作社之间的联合与合作。有必要在合作社的法律修改中，对联合社的法律地位、组织结构、内部管理、决策方式、责任能力及承担方式等方面进行界定。

从目前情况看，各地的联合社主要有两种类型。（1）同业合作社之间的联合，又可分为紧密型和非紧密型。紧密型是指联合社自身是经济实体，具有实体性经济业务，联合社和成员社之间有分有合，分工合理，联合社的治理结构类似于一个合作社。松散型又可分为两种类型：一是联合社在某一方面进行联合与合作，如联合销售产品（有的是部分产品，有的是全部产品）、联合进行技术标准推广等；二是只就重大事项进行协商或协调，类似于同业联合会。现实中一些联合社是按照产业链进行组合的，当然还是以一业为主，我们也称之为同业联合社。（2）不同业合作社之间的联合。这种联合的主要作用是形成群体力量，共同促进某项政策的出台等，也有的具有共同销售农产品的职能。在修改法律过程中，要对这两种联合社的多种情况进行深入研究，衡量哪些情况应该纳入法律进行规范，哪些情况不应该纳入。

如果联合社问题被纳入法律，那么必然要涉及联合社的决策方式。在许多第二级或第三级合作社（即合作社联合社）里，采取的是按比例投票的制度，以反映不同的利益、合作社的社员规模和各参与合作社的承诺。笔者认为，这条原则应该体现在修订后的《合作社法》中。

三　土地股份合作社问题

土地股份合作社和以农产品生产为主的合作社不一样，不存在成员与合作社之间的交易问题。2014 年中央一号文件推动了农村土地的所有权、承包权和经营权三权分置，进一步推动了土地股份合作社的发展。应该看到，土地经营权尽管可以作价，也可能作价（比如以土地流转价格为基础进行定价），但毕竟是一种特殊的资本形态，万一出现由于合作社倒闭而造成大量农民失去土地的现象，则会带来社会的不稳定。现实中还存在着大量的农民以土地入股专业合作社的现象。因此，这次修法应该对农民以土地经营权入股合作社的方式、价格、期限、土地入股和货币入股的关系、分配方式，以及入股后合作社对于土地权利等做出明确的规定，以规范土地股份合作社的发展，规范农民以土地经营权入股合作社的行为。

四　范围问题

2013 年中央一号文件指出："农民合作社是带动农户进入市场的基本

主体，是发展农村集体经济的新型实体，是创新农村社会管理的有效载体……鼓励农民兴办专业合作和股份合作等多元化、多类型合作社。"这是新世纪以来 10 个中央一号文件第一次明确提出"多元化、多类型合作社"，即"农民合作社"问题。其根本原因是近年来合作社的发展进入了快车道，已经突破了《合作社法》所规定的范围，农民专业合作社已经容纳不了广大农民红红火火的实践。在实践中，农民合作社的业务范围在不断拓展，已经突破了"同类"产品和"同类"服务的界限，一个合作社为农民提供着从产前到产中、产后多种产品经营的多元化服务。那么，修改后的《合作社法》是否不再使用"专业合作社"的概念，如果是这样，扩大到什么范围呢？笔者的观点，既然叫修法，就不能在原来的基础上走得太远，还是界定在"农民合作社"的范围内比较合适。

当前农民合作社大体上有五种类型：一是专业合作社；二是农机合作社；三是社区股份合作社；四是资金合作社或信用合作社，又叫资金互助合作社或资金互助社；五是土地股份合作社。目前，农机合作社已经被纳入专业合作社的范围。资金合作社虽然暂不合法，但各地农口都在适应农民的需求，积极推进合作社下设资金互助社或独立的资金合作社。2014 的中央一号文件也对农民的资金互助给予了具体规定，即社区性、社员制、封闭性、不对外吸储放贷、不支付固定回报。从农民的需求看，应该把资金合作社纳入这次修法的范围，但如何和金融部门协商一致，则是这次修法面临的最大问题之一。

五　主管部门问题

《合作社法》第 9 条规定："县级以上各级人民政府应当组织农业行政主管部门和其他有关部门及有关组织，依照本法规定，依据各自职责，对农民专业合作社的建设和发展给予指导、扶持和服务。"实际上没有明确主管部门。在制定这部法律时就有两个意见，一是合作社是一种特殊类型的企业，企业只要依法注册、依法运营就可以了，不需要主管部门；二是农民专业合作社是作为弱势群体的农民的联合组织，国家需要对农民和农业予以扶持，所以需要主管部门。两种观点的结合，就是现在这个样子。

由于涉及农民合作社发展的部门之间职责不清，在制定合作社发展政策、为合作社提供资金项目支持、确立合作社规范发展的标准、查处合作社违法行为、保护合作社及其成员利益等方面，存在着社会推诿、监管不力等问题。建议参照《国务院关于同意建立全国农民合作社发展部际联席会议制度的批复》（国函〔2013〕84号）的规定，在修法时明确农业部门牵头、有关部门分工协作的执法体系，承担农民合作社监督管理、指导扶持、服务协调等职责。

（本文原载于《农民日报》2015年5月16日）

附　　录

联合社如何发挥"航母效应"?

卢 松*

据河南省农业厅统计,截至 2013 年 6 月底,河南省已有农民合作社近 6 万户。然而,由于进入门槛低,当前农民合作社存在量大、质不高的现象。

如今,发展较好的农民合作社不约而同地选择了再合作,升级组建农民合作社联合社,以谋求更大作为。

那么,作为更高级别的农民经济合作组织,农民合作社联合社真的能聚集起农民合作社的力量,发挥出"航母效应"吗?其如何才能走得更加顺利?记者对此进行了调查。

一 合作社再联合

在成功开办一家石磨面粉厂和 5 家农资连锁超市后,长垣县金秋百丰农民专业合作社联合社又有了新的经营方向:代理当地"赵堤大米"品牌。

8 月 23 日,金秋百丰联合社理事长李瑞玲在接受记者采访时表示,联合社不但实现了降低社员种植成本、扩大产品销售渠道等目标,而且一直在探索开办实体公司。

组建联合社是农民的第二次、第三次合作,这种全新的组织形式把千家万户的农民与千变万化的市场更加紧密地连在一起,增强了农民抵御市场风险和增收致富的本领。

此外,经过农民合作社阶段的磨砺,联合社的运作也更加规范,更加

---

* 卢松,大河网记者。

注重塑造品牌。

滑县农民王卫东从粮食贸易起家，后在当地成立了一家粮食种植合作社，粮食自产自销。

为实现规模化、标准化种植，提升市场话语权，也为了规范合作社行为，建立良好信誉，与下游粮食加工企业建立长期合作，2013 年 3 月，王卫东联合其他 5 家农民合作社成立了联合社，流转土地近 4 万亩，成为省内粮食种植规模较大的合作社。

二 联合社发展遇"瓶颈"

成立近一年，金秋百丰联合社从最初的 5 家农民合作社发展到现在的 13 家，还有农民合作社申请加入。随着联合社的不断壮大，李瑞玲感觉压力越来越大。

"人多想法也多，不好管理。联合社开办的公司如果亏损，大家就会有意见，能不能联合下去都不好说。"李瑞玲坦言。

除了管理上遭遇"瓶颈"，记者通过采访了解到，农民合作社联合社在发展中还遇到了注册和融资等难题。

金秋百丰联合社以社团的名义在长垣县民政局注册备案，并未在县工商局注册，所以不具备法人资格。李瑞玲无奈地告诉记者，多次到县工商局申请注册，但工商部门均以《农民专业合作社法》对联合社没有法律条文表述为由，不予登记注册。

王卫东说："联合社除了享受到一些政府扶持政策外，到银行贷款，或者开具税务发票，人家都不认。"

2012 年 1 月，国务院印发的《全国现代农业发展规划（2011－2015年）》，强调鼓励农民专业合作社在自愿基础上组建联合社。2013 年中央一号文件提出："引导农民合作社以产品和产业为纽带开展合作与联合，积极探索合作社联社登记管理办法。"

目前北京、江苏等地都出台了支持农民合作社联合社发展的地方性法规。记者从省农业厅了解到，目前河南省还未出台相关的法律法规。

三 完善服务赢未来

作为新生的农业经营主体，农民合作社联合社的发展是"摸着石头过河",那么如何才能走得更顺利?

多年从事农民合作社研究的河南科技学院石晓华博士对记者说:"联合社的发展,对人才提出了更高的要求。农民合作社理事长大多是当地的能人,虽然有想法,熟悉当地情况,但大多文化水平不高。而农民合作社联合社更需要懂法律、技术、管理的复合型人才。"

石晓华认为,各地农民合作社联合社的迅速崛起,为大学生村官一展抱负提供了良好的平台。

"服务能力的大小,将决定农民合作社联合社的成败。"省政府发展研究中心农村处处长刘云解释说,"目前河南省农民合作社联合社主要集中在农业生产方面,而先进的农业服务比较欠缺。今后可以在为农民合作社提供规划设计、政策咨询、市场营销、品牌管理,以及种养技术支持等服务方面多下功夫,以完善的服务赢取未来"。

(本文原载于大河网 2013 年 8 月 24 日)

联合社能否拯救农民专业合作社

江宜航　刘帅杰[*]

自 2007 年 7 月 1 日《农民专业合作社法》正式实施以来，农民合作社在我国得到了迅猛发展。据国家工商总局统计，截至 2012 年年底，我国实有农民专业合作社 68.9 万户，比上年底增长 32.07%。出资总额 1.1 万亿元，增长 52.07%。

然而，由于进入的门槛太低，当前农民专业合作社的发展速度虽快，但发展的质量却不高。农民合作社普遍存在规模偏小、缺资金、缺人才、缺管理、缺市场、抗风险能力弱等问题。如何突破这些"瓶颈"？各地进行了有益的探索。其中，抱团经营、集约发展，发展更高一级的合作经济组织——农民专业合作社联合社，成为各地农民专业合作社的不二选择。

那么，联合起来的农民专业合作社联合社，能够破解当前农民专业合作社面临的发展难题，拯救农民专业合作社吗？《中国经济时报》记者就此赴各地展开了调查采访。

一　逼出来的奶牛养殖联合社

"联合起来力量大，敢与蒙牛争上下。"2010 年 9 月 28 日，在全国农民专业合作社经验交流会上，郝智会刚念完演讲稿的题目，台下已是掌声一片。

郝智会是山西省晋中市榆次区锦宏奶牛养殖专业合作社理事长。2010 年 4 月，他联合榆次区富有、威锴、儒牛 3 家奶牛养殖专业合作社，以"加入自愿、退出自由、民主管理、资源共享、出资入社"为原则，组建

---

　　[*]　江宜航，《中国经济时报》记者；刘帅杰，《中国经济时报》记者。

了山西省晋中市榆次区奶牛养殖专业合作社联合社，并出任该联合社第一任理事长。

"联合社的成立，是蒙牛给逼出来的。"2013年3月7日，在锦宏奶牛养殖专业合作社办公室，郝智会对到访的《中国经济时报》记者说。

公开资料显示，榆次区是我国传统奶牛养殖区，从20世纪50年代就开始大规模饲养奶牛，系《全国奶牛优势区域布局规划（2008—2015年）》华北奶牛优势区之一。2007年以来，仅锦宏等4家奶牛养殖专业合作社所在的修文镇和张庆乡，就曾先后发起成立了8家奶牛养殖专业合作社。

据郝智会介绍，奶牛养殖专业合作社的成立，虽然在一定程度上提高了产业组织化水平，带来了一定的经济效益，但在激烈的市场竞争面前，合作社依然处于弱势地位。

"尤其是在与奶业企业的谈判中，不仅毫无平等可言，有时候甚至连尊严都没有。"郝智会对《中国经济时报》记者说。

郝智会告诉记者，以前，他们几个奶牛养殖合作社都是为国内奶业巨头——内蒙古蒙牛乳业（集团）股份有限公司供应牛奶，也签订了供奶合同。但蒙牛乳业并不给他们（提供）合同书文本，产品指标的检验也是由蒙牛单方确定，而且随意压价，解款也不及时。为此，他们不仅多次找蒙牛乳业交涉，还曾两次集体倒奶10余吨，有的合作社甚至气得宰杀了奶牛。然而，即便如此，蒙牛乳业对他们的要求依然是不理不睬。于是，大家决定联合起来，组建联合社，以维护合作社和社员的权益。

"联合起来就不一样了。"郝智会对记者说，合作社抱成团后，首先出现的变化就是对市场的影响力增强了，联合社内产品质量检验和管理也更加规范，资产规模和奶牛数量在当地乃至山西省内均占据优势。

"既然有优势，我决定找蒙牛谈谈，拿联合社这个'鸡蛋'，去碰一碰蒙牛这个'大石头'。"郝智会告诉记者，虽然当时大家心里都清楚与蒙牛的谈判不会有什么好结果，但大家一是受气多年，二是蒙牛给的价格实在是太低了，严重影响到了合作社的生存。所以，大家同意他去试一试。

与蒙牛的谈判果然如大家所料，未能取得任何进展。一气之下，郝智会联合社内所有成员，果断地解除了与蒙牛乳业的供奶协议，停止给蒙牛供奶。

与此同时，郝智会则以联合社理事长的名义，找到国内乳业另一巨头——内蒙古伊利实业集团股份有限公司，并以每公斤高出蒙牛乳业 0.8 元的价格签下了供奶协议。

这一下，可在当地奶业市场炸开了锅。郝智会说，联合社成立后，山西省内各地的奶牛养殖专业合作社纷纷前来参观考察，并提出加盟要求。

2010 年 11 月 17 日，在榆次区奶牛养殖专业合作社联合社的基础上，郝智会再次联合该省 6 市 9 县的 23 家奶牛合作社组建了山西省首家省级农民专业合作社联合社——山西奶牛养殖联合社。

"省级联合社的成立，不仅大大地提高了联合社与乳业企业的市场谈判地位，迫使原来强势的乳业企业放下身段与联合社平等协商，也促进了奶产品由买方市场向卖方市场的转变。"郝智会对本报记者说，为了获得奶源，众多乳业企业不仅主动找上门来，还主动提高鲜奶收购价，奶价一下子由原来的每公斤 2.6 元提高到 3.8 元，直到后来的每公斤 4.5 元。

二 联合社遭遇工商注册难题

然而，好景不长。没过多久，乳业企业就联合起来，以联合社"未经工商注册，不具有法人资格，不是合法的经济组织"为由，拒绝跟联合社签订合同。

"这确实是我没有想到的。"郝智会告诉记者，当初，他成立榆次区奶牛养殖专业合作社联合社，办理联合社工商登记手续时，并没有遇到什么困难，（榆次）区里的工商部门基本上是按照《农民专业合作社法》的相关规定，为联合社颁发了营业执照。而办理奶牛联合社的工商登记手续时，省里的工商部门却以缺乏法律依据为由，拒绝给山西奶牛养殖联合社登记注册。

"工商部门给出的解释非常简单，仅以《农民专业合作社法》对联合社没有法律条文表述为由，拒绝为联合社办证。"郝智会对《中国经济时报》记者说。

此外，郝智会还告诉记者，联合社办理税务登记证也成为问题。他说，本来合作社在乡镇国税所无须验资即可办（税务登记）证，但因为奶牛养殖联合社并不属于榆次区管辖，无法在榆次办理，因此，办理税务登记证也成为问题。

郝智会说，由于没有办理工商登记和税务登记，奶牛养殖联合社不能获得合法地位，无法对外开展业务合作，并因此最终让乳业企业找到借口，拒绝继续跟联合社合作，并联合压价与各合作社单独签订合同，联合社名存实亡。

据记者了解，《农民专业合作社法》出台于 2006 年 10 月 31 日，2007 年 7 月 1 日正式施行。由于当时并没有农民合作社联合社这样的组织形式出现，因此，在《农民专业合作社法》中，并没有关于农民合作社联合社相关的法律条文。

不过，记者看到 2011 年 9 月 23 日山西省第十一届人民代表大会常务委员会第 25 次会议通过、2011 年 12 月 1 日正式颁布施行的《山西省农民专业合作社条例》第 31 条是这样规定的：两个以上农民专业合作社可以设立农民专业合作社联合社，领取农民专业合作社法人营业执照。

事实上，由于理解各异，在山西，各地对于农民合作社联合社的登记管理也是各不相同。

山西省晋中市农经办提供给本报记者的相关材料显示，今年 1 月，该市左权县寒王乡平旺养殖农民专业合作社牵头，联合左权县寒王村富金养殖农民专业合作社等 6 家农民专业合作社，共同出资 480 万元，组建了左权县山达养殖农民专业合作社联合社，并在左权县工商局注册领取了营业执照。

"据统计，目前我市自发组建的联合社共有 54 家，加入联合社的合作社有 416 个，涉及农户 12845 户。"上述晋中市农经办材料称。

而山西省农业厅农村经济体制与经营管理局副局长马向荣在接受本报记者采访时表示，截至 2012 年 12 月底，山西全省实有各类农民专业合作社联合社 180 余家，其中，通过工商部门注册的 66 家，加入联合社的合作社 1217 家。

（本文原载于《中国经济时报》2013 年 5 月 10 日）

各地扶持联合社发展法律政策概览

《江苏省农民专业合作社条例》第 43 条："两个以上农民专业合作社可以设立农民专业合作社联合社。农民专业合作社联合社可以参照本条例的有关规定，依法登记，领取农民专业合作社法人营业执照。"

《北京市实施〈中华人民共和国农民专业合作社法〉办法》第 11 条："农民专业合作社自愿联合组成新的互助性经济组织，可以向工商行政管理部门提出设立登记申请，依法取得农民专业合作社法人营业执照。"

《辽宁省实施〈中华人民共和国农民专业合作社法〉办法》第 12 条："鼓励和支持农民专业合作社采用多种形式开展合作生产经营，延伸产业链条，实现生产、加工、销售一体化综合发展。鼓励农民专业合作社之间进行多领域、多方式的联合与合作，组建农民专业合作社联合社或者总社。"

《黑龙江省农民专业合作社条例》第 8 条："两个以上农民专业合作社可以根据自愿、平等的原则组成联合社，并享受农民专业合作社的相关优惠政策。"

《湖南省实施〈中华人民共和国农民专业合作社法〉办法》第 28 条："从事同类农产品生产经营的农民专业合作社自愿联合组成农民专业合作社联合社的，依法办理工商登记，按照法律法规和章程的规定开展生产经营活动。"

《四川省〈中华人民共和国农民专业合作社法〉实施办法》第 33 条："鼓励和支持农民专业合作社自愿联合组建合作社联合社，并享受相关扶持和优惠政策。"

《浙江省人民政府〈关于促进农民专业合作社提升发展的意见〉》："以产业为依托、市场为导向、品牌为纽带、产权联合为手段，积极引导同类农民专业合作社之间及合作社与相关市场主体之间进行多领域、多方式的联合与合作。积极研究探索区域性农民专业合作社联合社（会）建设的途径，提升组织化水平，力争做大做强一批有规模、有品牌、有竞争力、治理结构健全、分配制度规范、与社员利益联结紧密的大型农民专业合作社或农民专业合作社联合社（会）。"

《山东省农民专业合作社条例》第 14 条："鼓励农民专业合作社开展多领域、多方式的联合与合作，实现生产、加工、销售一体化综合发展，扩大生产、经营和服务规模，提高市场竞争力。"

山东省潍坊市《关于积极推动农民专业合作社又好又快发展的意见》："农民专业合作社在自愿基础上可以成立联合社，其性质仍属于农民专业合作社范畴，其登记管理依据为《农民专业合作社法》、《农民专业合作社登记管理条例》和《山东省农民专业合作社条例》。

"联合社成员必须是 5 个以上农民专业合作社。具有管理公共事务职能的单位不得成为联合社成员；国家公务员不得担任联合社的理事、理事长、监事、监事长；其名称依次由行政区划、字号、行业、组织形式组成，组织形式应当标明'专业合作社联合社'；一般使用县（市、区）行政区划名称，由县（市、区）工商部门核准；对于规模较大、成员跨县（市、区）的农民专业合作社联合社，经潍坊市工商行政管理局核准，允许使用直冠'潍坊市'或'潍坊'字样的行政区划名称，但仍由农民专业合作社联合社住所所在地的县（市、区）工商部门负责注册登记和日常监管。"

山西省运城市《运城市农民专业合作社联合社注册登记工作的意见》："设立农民专业合作社联合社，应当具备下列条件：（一）有 5 名以上的成员，其中农民专业合作社成员数至少应当占成员总数的80%。成员总数 20人以下的，可以有一个企业、事业单位或者社会团体成员；成员总数超过20 人的，企业、事业单位或者社会团体成员不得超过成员总数的5%；具有管理公共事务职能的单位不得成为联合社成员。（二）农民专业合作社成员均须已设立在一年以上，且已实际开展业务；加入联合社的成员应当拥有共同的产品或提供相同的服务。（三）有符合《农民专业合作社法》规定的章程。（四）有符合《农民专业合作社法》规定的组织机构。（五）有符合法律、行政法规和本意见规定的名称和章程确定的住所。（六）有符合章程规定的成员出资。

根据地域管辖原则，农民专业合作社联合社由住所所在地的各县（市、区）工商局（分局）负责注册登记和日常监管。"

（本文原载于《农村经营管理》2011 年第 4 期）

"《农民专业合作社法》修订中的
联合社问题专家内部研讨会"
发言摘编

仝志辉

编者按:

2015 年 10 月 17 日上午,中国人民大学国家发展与战略研究院在中国人民大学组织召开了"《农民专业合作社法》修订中的联合社问题专家内部研讨会",本次会议是高校智库和智库学者对国家立法需求的主动回应,参加者是国内研究《农民专业合作社法》的部分专家。这里摘编的是当时的部分发言内容,基本反映了参会专家对合作社联合社立法问题的看法,对我们理解这部法律的修订有参考价值。内容编排是按照当时的会议发言顺序。考虑到这次会议的内部研讨性质,这里只摘编了记录稿中适宜目前公开的部分。发言人的身份信息是会议举办时的身份信息。

目前已是 2016 年的年底,全国人大对《农民专业合作社法》修订的征求意见稿已经在一定范围内征求地方人大和有关部门以及学者的意见,在联合社问题上已经有了相当多的共识。此时发布这些观点并不完全因为它的启发性,而是它作为立法修订稿工作之前一次重要讨论中的观点,可以供研究合作社联合社立法问题的学者们参考。

孔祥智(中国人民大学农业与农村发展学院教授):

我介绍合作社联合社的发展现状。对于合作社联合社的登记,有的地方称为条例,但是不管怎么样,这个积极性应该保护。我个人的认识是,联合社的性质还是合作社,这是最基本的一个认识。实践中,认可是合作社的到工商部门注册,不是合作社的就到民政部门。现在有到民政部门注册的,山东的供销社是到编办,是事业单位,编办还给它编制。实际上它和县供销社是一体的。

联合社的组成也不一样。我先说目前联合社比较混乱的情况。首先是注册，各地都不一样。有的联合社确实是同类，同一类或者是在一个产业链条上的合作社联合在一起，这是一类，都是合作社。第二类也都是合作社，是一个县所有合作社都放在一块成立一个联合社。第三个类型就是产业链，企业加上农户，再加上别的，凡是产业链上的组织都可以进来，我们看了几家奶业合作社联合社，有奶站，有大型牧场，有农户，甚至有小型奶业加工企业，奶业联合社成立的目的就是对抗伊利或者蒙牛。所以小的加工厂也很兴奋，也加入。叫联合社的主要是这些类型，比较混乱。

如果在法律中单独写一章怎么写，我现在还没有想清楚。什么样的组织能够加入联合社？首先，所有合作社放在一块成立一个联合社肯定不行，但是如果说就是同业、同类，严格按照目前《农民专业合作社法》的规定好像也不行。我比较倾向于产业链，在产业链上相关的机构、相关的组织，当然是经济组织，都可以加入。比如像我刚才说的奶业合作社联合社，甚至生产饲料的企业也可以加入。至于它的功能，我想不好，肯定是联合在一起有经济功能，应该强调这一点。苑鹏一直强调联合社和各个组成的专业合作社之间业务不能冲突，这个恐怕做不到，它们本来业务就是冲突的。

一家一户的合作社是做生产，联合社主要是做生产之外的环节，如销售、加工、协调。比如江苏和湖北，湖北叫楚合，江苏是苏合，它是以一个县为单位，在省里面江苏我没有看到，湖北有一个省级的联合社，它就是销售，这个也比较松散，你可以入股也可以不入股，你入股了最后就有分红，投资就有收益，你不入股，你的产品我也给你卖，当然方式不一样。目前看这个效果还是不错的，因为一个合作社几十号人、上百号人，产品也很有限，所以一个合作社面临的问题和一个农户面临的问题，从大的方面看没有多大区别。你要简单对比，一个合作社比一个农户当然强大多了，但是就大市场来说没有多大差异，所以联合起来进行销售还是很有意义的。但是，这两个省以销售为目的的联合社肯定效率很高，效果也不错，它们的联合社就是所有合作社都可以加入。这样的联合社我们怎么界定？我确实想不好，但是它确实对销售有作用。这样的鼓励不鼓励？允许不允许？

袁启昌（中国供销合作经济学会常务副会长、秘书长）：

我总的意见就是，新修订的这个法，联合社应该是独立的一章，而不是写几条。据我所知也有说一条的，也有说一章的。我个人建议是独立一章。将它的性质、定位等等方面尽可能做出比较详细的规定，我是这么一个总体意见，就是新修订的法律要有一定的超前性，我个人强调还要有一定可操作性，规定得太严格肯定不行。而且农民这个东西是对基层服务的，搞得云里雾里的根本就不知道怎么做。所以，符合中央政策导向的，实践探索中比较成熟的，各个方面意见较为一致的就固定下来，完全一致是不大可能的，基本一致就可以。实践中正在探索，各方面有较大分歧的东西，建议在条文中保留探索空间，可以模糊一点。这是我总的对专业合作社联合社这部分修改的建议。

具体的我有四点小的建议。

第一，关于联合社的性质问题。我个人认为农民专业合作社联合社应该是以农民专业合作社为基础组建，专业合作社联合社主要代表形式应该是专业合作社联合起来。它的性质还是互助性的经济组织，依照有关法律规定在工商登记，取得法人资格。在登记的时候，它的名称要有"什么什么联合社"字样，才可以进行工商登记。现在社会上很复杂，包括联合会什么的，这些就不能包含了，在名称上必须规范。

第二，关于联合社成员的组成。我认为应该主要以农民专业合作社为基础，因为会议组织者之前给我们发来大量研究文献，从研究成果来看，我建议可以适当吸收非成员社成员的农民或者其他新型农业经营主体参加。这句话什么意思呢？就是某一个农民、某一个大户已经加入了专业社，你这个专业社又加入联合社。你原来专业社的成员加入到联合社是什么情况？这个专业社稍微做一下就可以控制这个联合社。所以一个专业社只能以团体加入联合社，如果你吸收的不是成员社的成员，此成员则可以自由加入。还有，成立联合社的目的我认为主要是在销售和品牌方面，以及信息、教育、培训方面，就是除了专业合作社之外可能更主要体现在销售、信息服务、教育培训、政策协调方面。我在工作中体会，我们当时为什么要成立联合社？最早江苏省有一个蔬果超市，有一个县是养鱼的，县长跑过去跟我们主任说你们要支持我们农业，我们专业社是养鱼的，你们要给我销售。后来我跟这个蔬果超市的老板讲，你支持一下。问题来了，前几天每一天能有几百斤鱼，过几天不行了，有一天只送七条鱼来，所以后来就弄不下去了。在实践当中发现一个单独的专业社组织会员的能力有限，他对接不了超市，超市要求你要有小票、要有检测等等，所以当时一般专业社达不到均衡上市的目的，品种也很单一，规格也差异非常大。要想获得均衡上市，获得较高收益，进入连锁超市体系，就必须是联合社。我们当时在这个背景认识下搞了这个事情，所以主要的功能真的就是销售。所以关于这个组成，主要是合作社，如果单一成员加入了合作社，这个合作社已经加入了联合社，这个成员就不能加入联合社了，这样可以避免某一个专业社控制联合社，侵害其他专业社的利益。

第三，关于联合社治理结构的问题。联合社和专业社也应该有相应的制度，包括要有理事会、监事会，每个成员社或者每个成员一票，可以附加表决权。附加表决权怎么分配？我个人建议按照成员社的成员数的多少分配。按照《农民专业合作社法》现有法律条文规定是出资，或者交易额的比例来分。如果到专业合作社联合社，很可能进入一个龙头企业，它进来以后全部都是它的，这个很麻烦。所以附加表决权建议是以成员社的成员数为多少。出资多的、销售量大的怎么办，就在二次分配里面进行解决，你出资多配的就多，不一定是在表决权上给它，就直接在利益上给它。

第四，关于联合社地域范围问题。原则上应是一个县的范围，太大了也不一定有实际效应。现在事实上是有某省、某市的，也有农地的，农业地区最多是一个县，一个乡的是比较多的。但是这个怎么描述？如果卡死了就也比较麻烦。所以我个人建议我们鼓励的方案就是在县的范围。

王超英（全国人大常委会法制工作委员会经济法室主任）：

当时立法的时候对联合社问题没想那么多。当时看到的联合社的情况，第一个就是联合社到底是联合起来干吗的。联合社肯定不是联合起来跟政府谈条件的，肯定不是联合会。这个当时认识是清楚的，也是认识一致的，它肯定不是协会性质，它还是一个企业。第二个，当时确实比较少。但是跟我们在国外看到的联合社其实是一样的。还有另外一个问题，我们在法国看到一个奶牛合作社，这个奶牛合作社有一个联合社，这个联合社又跟法国一个大型食品加工商联合办乳品加工厂，它是联合社和企业联合办乳品加工厂。我想这个事要是在中国，可能直接就把龙头企业拉到联合社里面了，人家不是，人家是联合社跟龙头企业合起来办厂子，那个厂子就是公司，在产权制度上、其他制度上都分得很清楚。

张晓山（全国人大农业与农村委员会委员）：

《农民专业合作社法》是一部促进法。促进法是促进什么呢？促进农民组织化程度提高，促进在家庭经营基础上的农民初级产品生产经营者的经济利益，同时促进他们的民主权利。因为经济利益这块没有的话就不是经济组织，民主权利没有的话就不是合作社，完全是股份制公司了，资本导向，合作导向、合作制就是劳动导向，强调以人为本。所以这是立法的宗旨。修法也是本着这个宗旨考虑，怎么样修订这些法律，修订也好，增加也好，是有利于这个基本宗旨，我觉得是这一条。现在联合社这个问题，加上联合社这个条款或者独立成为一章，是不是能够有利于实现我们这个立法、修法的基本宗旨？我个人认为是非常有必要的，而且在这方面是能够起到一个促进作用的。联合社本身是在基层农民专业合作社基础上成立的，所以恐怕要以农民专业合作社基层社为主体。

而且这块刚才超英主任讲联合社和单个农民联合应该是一样的，我觉得它是一样的，但是也还有不一样的地方。不一样的是什么呢？它是更高层级的联合，而且这种联合对我们整个立法的基本宗旨有更大的促进作用。为什么这么说呢？因为咱们讲合作社是基层社，是民主管理，或者民主控制，社员所有、社员控制、社员收益，社员控制是民主形式控制，但是坦率地讲凡是成功的基层社往往民主控制这块做得并不好，为什么呢？往往是能人、大户、大股东、公司占主导地位。大户在整个当中利益是占主导，它入股也多，因为很多社有核心社员，就是几个大股东，周边有一批小股东，或者有的只入会，交会费。真正的是我这个大股东，我的利益最大化，当然我要占支配地位，我说了算。其他的一人一票也好，民主程序也好，这些都有，但是在实际上很难落实。而且在中国大部分小农民社员，他考虑的就是能给我利益，能够让我不吃亏，我跟着你能赚钱，我就往前走。所以理事长一直讲农民只能跟我们同甘不能共苦，只能享受阳光，不能经历风雨，这就是我们现在的现实情况。所以这样的话，我们现在民主控制也好，民主治理机制在基层社有没有好的？好的也有，但是比较少，大部分凡是搞得好的就是能人控制、大股东控制。

所以在这种情况下，我觉得，第一，联合社的成立对于促进我们立法、修法的基本宗旨是非常重要的。第二，联合社本身是更高层级的联合，它本身对于合作社的发展也好，对于基层合作社发展也好，对于我们所追求的具有一定民主性质的社会企业的发展也好，可能是能起到一定促进作用。第三，就是因为这样，所以我觉得联合社里应该以专业社、基层社为主体。当然其他类型的新型经营主体，如农民能不能作为个人加入，这个问题可以留出一定空间。联合社各方面可能是资本的联合，这个如果按照一社一票就不合适了，因为到那个时候还是按照各个社的经营规模、在联合社里边占有的股份的比例来投票可能是比较合适的。而且这种情况下其他的新型经济主体和其他的非合作社成员，他们在联合社里所占有的股份，应该有所限制，确保基层专业合作社为主体，这个是我的观点。然后这里边，实际上我们在国外看是两种，一种是联合会，协会性质，那就完全是作为游说、谈判。另外一种就是联合社性质，联合社性质就完全是经济实体，经济实体很大程度上是根据各个合作社的经济实力，还有对联合社所做出的贡献，决定它本身决策份额。

仝志辉（中国人民大学农业与农村发展学院副教授、国家发展与战略研究院社会转型与法治研究中心副主任）：

张老师是基于促进联合社健康发展的角度讲的，实际上这里面提出了很多问题。第一，涉及合作社法本身。就是没有规定联合社的合作社法，规则法和促进法这两个性质合一给后来产生的一些问题埋下了伏笔，规定了一些部门职责，现在合作社的乱象，到底立法的时候跟法律特性认识有没有关系？在规则上偏向于放宽条件、更加模糊，但是对于促进政策、扶持政策这部分还规定了一些部门职责，并且立法当时进一步细化是作为一个整体操作的，就是通过给很长缓冲期促进立法部门和其他部门的进入进行联动，这个是不是产生了负面影响？这个是现在可以提出，以便下一步对联合社的促进，要明确是什么意义上的促进，是以对它这个组织的规则促进，还是说要给它营造有利条件的促进？

第二，现在认为联合社如果都是能人创办的话，他们的联合在联合社层面上民主制度管理更容易落实。前提还有这个能人要办的是不是真的合作社？他如果不是真的合作社的话，你让他去联合，他就是公司联合体的决策民主，跟我们要的联合社是不是一样？还有联合社办企业，联合社内部、合作社内部也有企业，我觉得立法的时候要把这些都讨论到。

任大鹏（中国农业大学人文与发展学院法律系教授）：

联合社这个事，在当时制定法律的时候也讨论过，讨论的时候我觉得主要原因还是在于联合社比较少，从法律角度去规范它看不出来该规范什么。我觉得我们的合作社法不是在画蓝图，它是在解决问题，现在我们不是谈怎么更多地体现立法的前瞻性，而是谈怎么样立足于发展的实际。现在之所以这个事出来了，是因为联合社越来越多了，客观上需要有一个说法，这个是这次修法的时候讨论联合社问题的一个出发点，因为确实已经很多了。

按照志辉给出的议题，第一个问题是性质和成员组成。我是这么理解的，既然叫作合作社联合社，它就不应该在联合社成员上有其他组织或者个人，这是两个东西。如果需要与其他市场主体联合，可以有其他的联合方式，包括共同组建股份公司，包括合同联合，包括其他形式。所以不见得需要通过联合社这样的方式体现，联合社就应该是合作社联合社，这大概和合作社联合社的功能与目标是一致的，这个不能跑偏了。首先要明确联合社的成员就应该是基层合作社。

其次，和法律相关的还有一个问题，就是联合社建立以后的反垄断豁免问题。这个问题要说起来可以不讨论，原因在于合作社反垄断豁免更多是源于发展办法第56条的规定。对于合作社建立联合社以后是不是享有同等的反垄断豁免的待遇，同样是一个反垄断法修改要解决的问题，而不是合作社法修改要解决的问题，从立法权限来讲这是两回事。当然，我觉得成立联合社以后，要比单个合作社形成市场优势地位更容易，垄断市场的可能性就会越大。所以，在联合社的反垄断豁免问题上设定条件也是必要的。但是我认为这不是这次合作社法修改要解决的问题。

能不能把联合社单独写一章，我们也尝试做了一下，攒了有六七条，涉及联合社的设立、财产、责任，联合社的业务范围和联合社与基层社的关系，联合社的治理结构，联合社的盈利分配。类似于这些问题，在我们提的建议稿里面有单独一章。所以，现在从立法技术角度来讲，我觉得联合社单独成立一章是可行的，这个将来也会讨论。

杨力军（国家工商行政管理局处长）：

我是来自实务部门的，给大家介绍几个数据，到 2015 年 9 月底全国农民专业合作社登记是 146.78 万家。这个是目前的登记数。

关于农民专业合作社联合社这个事，这也是做商事登记改革并行在做的事情，我们司也多次开会研究，对这个事情的性质、机构、财产、盈余等等进行过讨论。所谓联合社就控制在农民专业合作社，联合社成员不能有企业也不能有个人，目前是这么规定的。这样的规定我们认为是符合农民专业合作社的本质性要求的，有它的好处。但是也有弊端，比如说它可能限制制度创新、组织再造。

在考虑这个的时候也考虑另外一个事情，就是外部政策对人民选择主体方式还是有重大影响的。老百姓没有人研究《公司法》，也很少有人研究《农民专业合作社法》，就是哪个合适干哪个，别人怎么赚钱、怎么干，我就怎么干。这是老百姓的基本行为方式，这是事实，我们不能指望 14 亿人所有人把法律体系学习一遍。正是因为这种利益关系和现实情况，比如农民专业合作社和公司结合可以成立一个股份公司，按照《公司法》运作没有问题。但是，这种做法很少，在我们登记的时候基本没有。为什么？这里边就涉及他为什么成立农民专业合作社，他成立农民专业合作社的目的相当一部分是享受政府政策扶持和税收优惠。而公司在政策扶持和税收优惠上很少，很难享受到，所以，就会出现把企业弄到合作社里边去，成为合作社中的一个成员。他顶了一个合作社的帽子。为什么顶？顶了这个帽子之后，就有政策扶持，就有税收优惠。他是利益驱动的。你说你不能这么干，没有用。这几年稍微少了一点，这几年搞商事登记改革，搞调研的时候也看了一些合作社，比较大一点的合作社，所谓和企业联合，也是把企业放在农民专业合作社里面，或者企业跟农民专业合作社两家对接，就是享受政策和税收的时候我用农民专业合作社，该组织化的时候，生产的时候，包括签合同的时候用公司，两种制度并行走。

关于联合社的概念。当时制定《农民专业合作社法》的时候我觉得这是中国具有重大意义的法律。为什么？因为它在推动中国农民走自我组织的路径。自我组织有一个重要的东西，就是当时立法的时候谈到的"民主控制"，但是"民主控制"没有写成，改成"民主管理"了。民主控制是《农民专业合作社法》的核心。如果丧失了民主控制，就谈不上合作了，公司就是谁钱多谁说了算。农民专业合作社联合起来成立联合社，这个民主控制怎么体现？如果体现不了民主控制的话，它还是不是合作社？我觉得这是一个必须要考虑的问题。如果体现不出来的话，它很容易向两个方向发展：一个就是所谓走集体化道路，往回走了，就奔着一大二公的方向去了；还有另外一个方向就是官方参与和控制，一旦官方参与和控制了就背离了当时我们说的推进中国农民自我组织的作用。当然也不一定成立联合社就肯定出这样的问题，但是我挺担忧这两个问题的。怎么在制度上限制好，充分体现这个核心本质很关键。

高原（中国人民大学农业与农村发展学院教师）：

第一，我的理解，农民专业合作社最近十年、二十年的兴起，它的实质内核是释放了农民的企业家精神，这个内核也和我们中国的改革，从70年代末开始的改革，从计划经济改到市场经济有很大的渊源。计划经济改到市场经济，我的看法是它释放了两种改革红利，一个红利就是市场配置资源，不再由计划统一决策配置。另外一个红利就是市场经济本身除了配置资源这个功能以外，它所内在具有的经济自由，也可以把参与主体的企业家精神释放出来，这是另外一个维度。这两个维度，其实我们现在经济学教育，包括美国人在俄罗斯推的休克疗法，其实主要是强调市场配置资源这个维度，不知是有意还是无意忽略企业家精神维度。但是中国的改革，尤其是农村改革，我们看到第一步红利就是乡镇企业这一波，其实很大程度上是第一次释放农民间的企业家精神。然后到合作社这里就是第二波释放农民的企业家精神。乡镇企业这一波已经释放完了，合作社相比企业有一个很大好处，就是合作社形式更灵活、门槛更低，很可能就是五六个人、几个农民组织成为一个合作社，够不上公司、够不上企业的格，但是它是另外一种类似企业的东西。再加上合作社兴起的最近20年，正好也是我国食品消费转型的阶段，就是对高价值的农产品需求也有很大的增加，包括刚才几位专家介绍的奶业，高价值农产品、养殖业等等。合作社很多都是从事这种农产品的生产,这两波加在一起,一方面农民通过比较灵活的形式组成合作社,另一方面食品消费转型有这个巨大的需求,这两波加在一起让合作社在我们看来过去二十年就有非常大的发展。

现在到了联合社这个层面。在修法过程中是要进一步在这方面做文章,进一步通过联合社这种更高级形式再一次把农民的企业家精神释放出来,还是兼顾合作社以及联合社有可能承担农村综合发展治理的主体。是不是也要考虑这个维度?因为合作社、联合社,除了在市场上作为一个经济主体,它也有民主管理和社会属性,这是它很强的一个和一般公司不一样的一点。

第二,哪怕仅仅是从经济角度考虑,根据历史上的例子,一般的一个社会里面经济上的中坚力量一旦兴起之后,它承担一部分非政府的社会功能和治理功能也是常见的现象。所以,哪怕不考虑它内在具有的社会属性,仅仅从经济角度出发考虑,有可能十年、二十年之后中国农村就不再是一个比较匀质化的没有中坚力量的以大量的农民家庭组成的形态,有可能除了农民家庭之外会有一个经济实力比农民家庭强得多的中坚阶层出现,有可能这种联合社就是这种中坚阶层主要的载体。这种情况下,哪怕我们现在不考虑它有可能有社会功能,到时候它也很有可能会带有,甚至有可能是非自愿的,这个功能都会落在它身上。就像中国传统时代的乡土中国的社会治理,很大一部分功能是落在经济精英身上,我觉得这个是不是也值得考虑。

唐宗焜(中国社会科学院经济研究所研究员):

从国际合作社运动经验来看,合作社联合社的成立和发展应该是不成问题的,它是合作社自发发展的必然趋势。合作社发展到一定阶段,就有进一步联合的需要。为什么要有合作社?就是因为在市场交易中交易双方的实力悬殊,极端不平衡。持续处于交易弱势地位的群体只有自愿联合起来,组成合作社,才能获得或增强在市场交易中的谈判地位,提高谈判能力,避免受交易对手控制。这是合作社的基本功能,同样适用于联合社。一个合作社比个人的力量当然强了,但是单个合作社跟大公司、大企业相比仍然势单力薄,无法同它们抗衡。所以它发展到一定程度必然要联合。那么,合作社发展到什么阶段、什么程度就有组成联合社的需求?没有统一的标尺，因时、因地、因社而异。比如，西班牙的蒙德拉贡发展到三个工业合作社时就成立了一个合作银行，该合作银行实际上有联合社功能，就是各个工业合作社通过金融环节联合起来，为它们服务。英国的罗虚代尔公平先锋社成立后，在北英格兰，按它的模式建立起300个零售合作社时，它们就联合成立了合作批发社（CWS, Cooperative Wholesale Society），这是通过批发环节合作为其成员零售合作社服务的联合社。所以，联合社是合作社功能的延伸，是其成员社自愿的联合，是为成员社服务的，它的性质仍然是合作社。可见，在国际合作社运动中，联合社的形成是个自然历史过程，没有中国这样复杂。

那么，为什么现在我们的联合社问题这么复杂呢？这有历史和现实的原因。一个是我们过去搞集体化，在合作化名义下搞集体化，集体经济组织和合作社混淆不清，这个后遗症至今还在影响着我们合作社的发展。另外一个就是改革开放以后差不多30年间，连农民专业合作社都没有得到合法地位。20世纪90年代国家公开宣布并实施的农村政策是鼓励和支持"公司+农户"的政策，不鼓励合作社的发展，合作社被边缘化。这样，到2006年《农民专业合作社法》立法的时候，农民合作社发展已经被挤压到一个很狭窄的空间，这样就带来了很多问题。那个时候大户、私营企业、公司、外资企业等等都已有长足的发展，而农民合作社刚刚自发发展起来，它们的发展空间非常狭窄。在这样的情况下，你说不让公司、不让大户进来，合作社确实也很难发展壮大；但是，它们一进来，又带来很多问题。现在联合社立法同样碰到诸如此类的问题。联合社立法要总结和吸取前几年农民专业合作社立法和执法的经验教训，使联合社尽可能避免农民专业合作社已经出现的弊端，这个很值得研究。在我国，由于历史和现实的原因，不管合作社也好，联合社也好，要合作社集体化和公司化都很容易，要变成政府控制也很容易，但是，要逆转就很难，没有可逆性，它一旦集体化、公司化，就没有可能重新变成合作社，这是利益固化使然。所以，有关联合社立法条款方面，合作社原则必须明确、坚持。同时，又要考虑到现实状况，设计可行的制度框架。你说原则很明确，但是不可行也不行，立法总要有可行性才行。所以，我的意思就是原则上要明确，但是具体措施、业务领域上要让联合社有创新扩展的空间，不要限制太死。

因为现在不可能完全预见它将来会发展得什么样。

联合社是其各个成员社自愿联合起来为成员社服务的合作社，所以联合社业务范围的选择应该以满足其所有成员社的共同需求为准。就是说，凡是其成员社有共同需求的业务，都可以经营；反之，凡是与其成员社利益冲突的业务都不可经营。至于联合社适宜从事专业性业务还是综合性业务，从国际经验来看也没有统一模式，可以是专业性业务，也可以是综合性业务；开始进行专业性经营的联合社也可以逐渐发展为综合性经营的联合社。

至于投票权，基层社是一人一票，联合社是不是坚持一个成员社一票？不一定。有的时候，各个成员社同联合社的交易量差别很大，如果每个成员社都是一票，对交易量大的合作社来说，反而有失公平。怎么办？拿消费合作社来说，每个成员社同联合社的交易量往往同其社员数正相关，就可按成员社的社员数权重分配投票权。合作银行也可以按资金权重分配投票权。各种联合社情况不一样，不能卡死说一个成员社只能有一票。

仝志辉：

我希望搞清楚几个问题。第一个，咱们的成员社作为合作社的联合社，所谓坚持合作社的原则最主要的是哪一点。比如刚才大家讲到的为合作社服务，做成员社办不了的事情。这个背后更直接的是所有者和使用者同一的意思，就是说联合社提供服务，然后由成员社使用。这条原则我觉得在原来立法当中是做了放松的，表现在第一个方面是允许非农民成为成员，在联合社这里也会碰到，就是允不允许公司和非成员社的农民加入？如果我们把成员社的成员仅仅理解为合作社的话，允不允许个人加入？这个和合作社的性质也有一定联系。这个合作社的原则要不要坚持？如果所有者和使用者同一，产生的另外一个原则就是民主控制原则，我们现在法律上的比例投票权对此是已经放松了，但是实际上没有考虑中国情况，虽然比例比较低，在农民没有自我组织习惯的时候，把公司放进来就被公司控制了，这个比例代表权基本上没有照法律规定执行。现在在联合社层面上要不要在所有者和使用者同一的原则上往后退，退的结果是什么？

第二，所谓促进联合社发展的含义是什么。我觉得这个含义就是要分几种含义的促进，法律要做的可能只是坚守全部点中的几点。原来在促进法这个含义上，合作社法是规则法和促进法的合一或者混合，或者混融，这导致该法对专业合作社不良发展承担了部分责任，合作社发展的问题主要不是由法律不完善造成的，但是与法律的不完善有关系。不完善主要跟后面执法环节和政策扶持有关。但是，在法律上比如现在已经有人提出要提高专业合作社的门槛，就是从提高成员数量到农民社员要不要入股，就是资格股要不要给他，而且设定他必须交100块钱还是多少。从这些方面提高门槛。这表明在原来放松的思路下，没有想到合作社发展这么快，我觉得多数人是没有想到，而且没有想到这么快就这么乱了。这就说明我们是不是对农民企业家的精神估计弱了？还是说对我们执法体制的弱点理解弱了？现在这些变了吗？这些情况需要这一次的立法者充分考虑。

第三，联合社功能上，它应有一个规范专业合作社发展的功能，这个应该是赋予它的，也是考虑它的作用的时候应该考虑到的。我们虽然说是作为经济主体的合作社，如果局限在这个意义上的合作社的话，好像它的需求很强烈。现在合作社已经乱了，又不能取消它，这个联合社我的倾向是严格一些，同时让它有辅导专业合作社进一步规范化以及进行某种程度上监管的功能，这个要赋予它。赋予它以后，对于我们整个合作社发展是有利的。这个方面可以看看实践的一些进展，也看看一些国外的例子，我们在这方面要做调整。

第四，和联合社有关的是专业合作社的合并问题。是不是仅有联合起来做联合社，其实可以合并成新社。在国外合作社发展实践当中有合并的政策，也有的通过法律提出来了，日本、韩国都有。他们有《合作社合并促进法》。合并跟联合是什么关系？如何利用这两种形式？我们对联合社，是不是把合作社对于农民、对于成员社的服务功能都推动它注册联合社方式实现，实际上还有另外的渠道，就是在行政部门推动的规范下面，指导它们合并。这个可以减轻对联合社这方面立法的压力。

第五，对联合社内部治理结构要有多样化安排，实际上这是我们立法思想里面比较缺的。因为我原来研究《村民委员会组织法》，我觉得"一人一票"制度只是给了一种路子，实际上不符合地方的情况，不符合中国多样性的情况。比如说一人一票落实不了的话，只能允许户内委托，户内委托规定只能委托三人。我觉得联合社内部决策也应该列几种办法,有利于他们选择,但是你不能超出我列出的范围。所以我们立法上是缺乏这个,比如不同的业务可以适用不同的决策规则,不同类型的联合社可以适用不同的规则。

我觉得这是我感觉到的可以讨论的问题,我也把我的观点、我的倾向说了。

任大鹏:

志辉刚才谈了几个方面的观点,我觉得有一点至少是可以讨论的,就是对于农民专业合作社现在发展状况的评价以及对于这个法律实施情况的判断。我觉得这个可能是有一些理解上的差异。一方面就是我们可能会听到不少对于现在合作社发展所谓的乱、假、劣,三个三分之一,等等一些说法。我觉得作为一个市场主体的培育,首先它要有一个过程,其次它要有一个空间,而不是说我们就弄个模子,然后和一堆泥往模子里靠,多数的泥扔哪去跟我没有关系。合作社最重要的是把弱势农民带动起来,所以恰恰关注的应该是多出的泥该怎么进来,而不是我就弄一个筐,你在这个筐里面就是,不在这个筐里面该干吗干吗去,这个理解我认为不是很恰当。所以并不是我们当前合作社发展有乱象,刚才提供的数据非常好,农民专业合作社年报公示达到65%,这个比例非常可观。我们可能看到的合作社与我们事先脑子里划得那个合作社的图像会有一些差异,这个差异同样要客观分析,是源于中国特殊历史背景,我们的合作社丧失了它很好的发展机遇,我们的制度出台得晚。

《农民专业合作社法》充分强调合作社的自治属性,坚持低门槛、包容性的立法思想,现在我们回过头来看仍然是正确的,我不认为它有多大的问题。现在我们的农民专业合作社发展,就算是有问题,可能更多的问题的渊源不在于法律的错误,而在于我们在实施的时候的指导,包括扶持政策。有的时候你扶持政策找不准扶持对象,反过来说法律没有给你一个框框,这是两回事。所以这是政策实施的问题,而不是法律评价的问题。这是一点。

志辉刚才谈的五个观点中的其他观点我都同意,尤其是强调联合社内部要有自律机制,这个自律机制不仅仅能解决合作社本身不规范的问题,当然还有其他更广泛的含义，包括怎么样体现合作社的社会性。联合社的社会功能、经济功能非常必要，包括在法律上如何体现。

关于合并和分立的事，在《农民专业合作社法》里写了，在法律上关系合并不是说你是不是合并，是不是鼓励你合并，法律考虑的是你合并以后，你欠别人的钱怎么还，更多的是讲它的法律关系引起的变化怎么调整，至少在现在的法律里面是有说法的，而且这个法律和合同法和其他法律都是一致的，法律是开了口子的，至于说为什么合并的现象比较少，同样不是立法要解决的问题，同样是作为法律实施或者执法或者政策指导的时候要解决的问题。

唐宗焜：

联合社的功能里面，要考虑支持和扶持合作金融的发展，这个恐怕是联合社功能要考虑的。从过去经验来说，好像联合社发展起来以后，这是一个很重要的功能，当然孟加拉国是最突出的。像英国消费合作社成立批发合作社以后，它的金融功能也很突出，包括合作银行，包括合作的保险，在这个基础上面它往多元化业务发展，包括制造业、旅游业、乳品业等等，很多它做起来了，总的它就是给成员服务，在服务过程中向多种经营方向发展。现在英国合作社集团是世界上最大的消费者合作社集团。

张晓山：

全国人大要对农村金融进行立法，这个也已经提上议事日程，但是难度要比这个大得多。我个人认为农村金融改革到现在也没有破题，因为我们讲的是多元化的农村金融体系，包括政策性金融、合作性金融和商业性金融。但是现在哪有合作金融？没有。所以上次人大讨论的时候就说这个资金互助，《农民专业合作社法》里面可以原则写一下，而且不是对外业务，只是内部的东西。所以刚才唐老师说的金融合作社，信用社现在已经完全不是了，你要真正登堂入室，取得金融许可证、从事金融业务的许可证，成为政策性金融当中一家的话，那就很难了。那个就要真正纳入银监会管理。因为现在我们讲的资金互助社，全国才几家？一个省才几家？就是真正取得合法身份，有牌照的。因为金融到目前都是垄断业务，已经瓜分完毕了，人家不允许你再来吃一块。因为我们所有底下的民间金融也好，资金互助也好，都有这样一个倾向，取得合法地位，取得垄断地位，然后再分一杯羹，但是人家不允许你这么做。

杨力军：

我谈一下对联合社的两个考虑，是两个注意。一个是关于土地流转，土地流转这块我估计会对联合社有影响。因为以前划小块，个体农户，都比较小。以后搞土地流转，一旦完成流转，适度地形成规模土地之后，可能并不一定需要联合社这个东西。它之所以联合是因为资源受限，我有的是资源，有的是地，那就不一定联合了，还是愿意自己干。所以一定要考虑土地流转对它的影响。

第二，我们一定要注意社会学上的 1 + 1 不一定等于 2 的问题。我们考虑控股公司、股份公司、集团公司，当几个公司联合起来，不管是联合也好，还是假联合的自我组织也好，控股公司从实际意义上来讲，它的经验方式方法与经营范围和公司是不一样的，他想从事资本经营，而不是实体了。所以我们这个联合社也会产生这个问题。但是联合社也可以有一个作用，比如对合作社的辅导，对我们经济运行来讲，主体之间不存在辅导关系，谁辅导谁？挣钱、合作。辅导是外部的，大学老师来辅导，政府来辅导，企业和企业之间没有谁辅导谁，但是成立联合社就可以把这个融进来。就是说这个合并起来会产生一系列化学反应，不一定是物理现象。所以制度设计的时候把合作社的制度转移过来是不是一定适合联合社？不一定！因为需要不一样，目的不一样，出发点不一样，行为方式肯定不一样。

任大鹏：

联合社（把合作社）联合起来之后，以合作社内部信用合作扩及联合社内部信用合作政策空间存在的话，它的金融业务肯定会衍生出来。现在我说的不是该不该开口子的问题，该不该提示联合社搞金融资金互助的问题。我前年、去年两年跑合作社调研，就是为了法律修改跑调研的时候，看了不少搞资金互助的，包括专门资金互助合作社，我看完以后总体感觉就是两个字：可怕。所以在法律修改涉及联合社问题的时候，如果要规定它的业务类别的话，我个人认为金融互助、金融合作的业务应该剔除出去。合作金融风险必须有其他手段控制，包括熟人社会的传统控制或者其他手段控制，而不是通过规模边界控制，这是两回事。

王超英:

咱们有的合作金融就是信用合作社,信用合作社就是银行,然后还有农民专业合作社的资金互助。然后现在还有人说解决农民资金需求还需要什么。你想你要么入合作社,你在合作社就享受你生产上的资金需求,甚至于一部分生活需求也能解决。要么,你不入合作社,你就是个体农民,到商业银行贷款贷不出来。我说我现在就需要一个新的资金支持的组织来解决我的资金需求问题,包括生产资金、生活资金。你想想他要创办出这么一个组织来,它是什么?它肯定是银行。咱们还不说现在农村有多凋敝,能干活的人都不在家,都是老头老太太,然后把这个钱借给你。谁敢啊?

仝志辉:

可能合作社的民主管理不应该特别强调,应该强调的是对成员服务,现在在成员范围上不要把非成员弄进来。因为这样的话,更容易导致民主控制的失落。常态当中的坏处要不要受到抑制?即使这个常态我同意,但是我们抑制的办法是不是想尽了?我们是不是想出可以改进的办法。这就是我说的社会科学进入立法的意思。

图书在版编目（CIP）数据

农民合作社联合社的法律规制／仝志辉主编. —— 北
京：社会科学文献出版社，2016.12
　（农村合作制研究. 法律规制）
　ISBN 978 - 7 - 5097 - 9566 - 8

　Ⅰ.①农…　Ⅱ.①仝…　Ⅲ.①农业合作社 - 合作社法
- 研究 - 中国　Ⅳ.①D922.44

　中国版本图书馆 CIP 数据核字（2016）第 193292 号

农村合作制研究·法律规制
农民合作社联合社的法律规制

主　　编／仝志辉

出 版 人／谢寿光
项目统筹／芮素平
责任编辑／芮素平

出　　版／社会科学文献出版社·社会政法分社（010）59367156
　　　　　地址：北京市北三环中路甲 29 号院华龙大厦　邮编：100029
　　　　　网址：www. ssap. com. cn
发　　行／市场营销中心（010）59367081　59367018
印　　装／三河市尚艺印装有限公司

规　　格／开 本：787mm × 1092mm　1/16
　　　　　印 张：10.5　字 数：160 千字
版　　次／2016 年 12 月第 1 版　2016 年 12 月第 1 次印刷
书　　号／ISBN 978 - 7 - 5097 - 9566 - 8
定　　价／49.00 元